V

T. 3842.
A

(c)

30798

L'ART

DE

DONNER A DINER.

IMPRIMERIE DE H BALZAC,

RUE DES MARAIS S.-G., N. 17.

L'Amateur
dans ses fonctions

L'ART

DE

DONNER A DINER,

DE DÉCOUPER LES VIANDES,

DE SERVIR LES METS, DE DÉGUSTER LES VINS,

DE CHOISIR LES LIQUEURS, ETC. ETC.;

ENSEIGNÉ

EN DOUZE LEÇONS,

AVEC DES PLANCHES EXPLICATIVES DU TEXTE,

PAR

Un ancien Maître-d'Hôtel

DU PRÉSIDENT DE LA DIÈTE DE HONGRIE,

EX CHEF D'OFFICE DE LA PRINCESSE CHARLOTTE, ETC. ETC.

> Convier quelqu'un, c'est se charger de
> son bonheur pendant tout le temps
> qu'il est sous notre toit.
>
> *Physiol. du Goût, Aph. xx.*

———❦———

A Paris,

CHEZ URBAIN CANEL, LIBRAIRE,

RUE SAINT-GERMAIN-DES-PRÉS, N. 9.

1828.

AVANT-PROPOS.

———

L'ANNÉE 1827 est expirée, et l'an de grâce 1828 vient de lui succéder, j'ai cru qu'à cette époque distincte où cette mode de donner à dîner allait reprendre comme de plus belle, j'ai cru, dis-je, qu'un petit ouvrage qui traiterait sans prétention de cette matière beaucoup plus importante qu'on ne pense, serait sinon dévoré, du moins goûté de quelques lecteurs de bon appétit, d'un grand nombre de donneurs de dîners, et d'un plus grand nombre encore de mangeurs.

Quand même, un usage presque aussi déraisonnable qu'il est universel s'est introduit de nos jours à toutes les tables; c'est celui de passer chaque plat l'un

*

après l'autre au maître de la maison, afin qu'il en fasse seul les honneurs : outre que les autres se refroidissent pendant le temps qu'il met à découper et à servir les premiers, les désirs des convives sont contrariés, parce qu'ils préfèrent tel ou tel mets, que l'Amphytrion ne découpera et ne servira qu'une demi-heure après, parce qu'il ne peut physiquement découper ou servir qu'un plat à la fois.

Peu de maîtres de maison, avec cela, savent faire les honneurs de leur table avec cette prestesse, cette légèreté et cet à-propos qui sait faire valoir chaque morceau en particulier. Nos pères, en ce point, étaient bien plus habiles que nous, parce qu'ils avaient non-seulement des livres précieux qui traitaient de toutes ces théories, mais encore d's professeurs brevetés qui la raisonnaient et la mettaient en pratique avec les bêtes sous la main.

Que mes lecteurs se consolent à cet égard ; le talent de ces grands maîtres n'est pas entièrement perdu pour eux. J'ai fait dernièrement une découverte des plus importantes. Je viens de retrouver à la bibliothèque du conseil-d'état (au Louvre) un ouvrage dont le trésor qu'il renferme n'existait plus que par tradition, et qui supposait une rare dextérité dans les mains de celui qui en fut l'auteur ; en un mot : l'*Art de donner à dîner, de disséquer les viandes, de servir les mets, de déguster les vins et de choisir les liqueurs,* sous le titre modeste de *Catalogo dell' inventori delle cose che si mangiano* (1), où ce que je viens d'annoncer plus haut se trouve géométriquement démontré et enseigné par princi-

(1) Que j'ai essayé de traduire ainsi en français : *Catalogue raisonné de tout ce qui se mange et de tout ce qui se boit, avec la connaissance parfaite de tout ce que la cuisine a inventé.* Bien que je ne sache pas un

pes, divisé par chapitres de matières, et dédié aux membres composant les états-généraux d'un royaume (qui fut un instant réuni au nôtre, par droit de conquête), par un moine bénédictin : ce qui me ferait présumer que ces bons pères avaient accaparé pour eux l'art de savoir bien vivre.

Cet excellent ouvrage, manuscrit in-4°, est écrit en italien, avec la traduction française faite à la main et en marge. Il est relié en veau de Pontoise, doré sur tranche, et orné de plus de cinquante dessins coloriés figurant tous les bons mets qui peuvent se servir en viande, en volaille, en gibier, en poissons, en fruits et en confitures. On y voit aussi les armes de l'ancien propriétaire : ce

mot d'italien, je ne puis m'empêcher de partager l'étonnement de mon vieux compatriote, feu M. Jourdain, de ce qu'en si peu de mots on puisse dire tant de belles choses.

qui prouve l'intérêt que ce notable gourmet avait mis à un ouvrage de ce mérite.

C'est avec ce livre unique que je vais
instruire mes lecteurs de toutes les bonnes
choses qui peuvent se servir et s'offrir dans
un dîner; de la manière de recevoir et
de traiter ses convives, et enfin de toutes
les variations qu'ont éprouvées les modes
en fait de service de table, d'usage et de
cuisine, depuis ce fameux glouton qui
vendit son droit d'aînesse pour un plat de
lentilles, jusqu'à ces notabilités des années
précédentes qui achetaient les conscien-
ces de certains fonctionnaires gourmands
avec une *purée de truffes à la lyonnaise.*

L'ART

DE

DONNER A DINER.

PREMIÈRE LEÇON.

COUP D'ŒIL GÉNÉRAL SUR LA CUISINE, DEPUIS SON ORIGINE JUSQU'A NOS JOURS (1).

Dans tous les temps on a attaché la plus grande importance à la théorie de la bonne chère. A toutes les époques du monde, le luxe de la table fut poussé à un degré de luxe et d'abondance que l'on aurait peine à croire, si des auteurs contemporains et

(1) Tout ce qui a rapport à la cuisine et à l'intempérance des anciens, dans cette leçon; presque toutes les origines et les étymologies des noms qui figurent en note dans la plupart des leçons suivantes, sont extraits textuellement d'un ouvrage

scrupuleux n'étaient là pour en convaincre les individus les plus sobres et les plus incrédules.

A quelque degré que les modernes aient poussé le luxe gastronomique, il n'y a rien de. comparable, dans nos dîners les plus recherchés, à l'extravagance avec laquelle les Romains *engloutissaient*, au milieu de leurs orgies, les productions les plus rares de l'univers alors connu. Mais aussi c'était le peuple-roi (*populum latè regem*), qui avait commencé par la vie des Curius et des Caton, avec la galette, le chou et le navet.

Je vais donc donner une idée de cette *intempérance effrénée* (car c'est ainsi que doit être qualifiée leur manière de vivre presque habituelle), l'une des principales causes de la décadence de leur puissant empire.

sur l'art culinaire et sur tout ce qui s'y rattache, depuis son origine jusqu'à nos jours, auquel je travaille depuis long-temps, et que je me propose de publier un jour ainsi que les laborieuses recherches que j'ai faites sur cette matière.

La *cœna* (le souper) était chez eux le repas le plus complet. On portait aux convives, mollement étendus sur des lits (*triclinia*), les premières tables chargées de hors-d'œuvres (*salsamenta, apiastra, faselares, abyrtaca*) et des *anchois*, avec diverses herbes confites au verjus, extrêmement épicées, pour exciter l'appétit; on y joignait encore des huîtres vertes, des oursins, des spondyles, des pélorides et autres coquillages non cuits.

Ensuite on servait une énorme quantité de toutes espèces de viandes, gibiers, volailles, poissons (de mer et d'eau douce), légumes (cuits et crus), comme on peut en voir un exemple dans la satire de Pétrone (1). Il y avait jusqu'à sept services, et vers la fin on apportait le dessert, les pâtisseries et les fruits, avec de vastes coupes pour boire largement les vins vieux les plus exquis et diversement aromatisés.

(1) Celle où il décrit le luxe que Trimalcion déployait à sa table.

Lucullus, surnommé *Xerxès Togatus*, fit un jour préparer sur-le-champ un repas de 40,000 francs (évaluation de notre monnaie) à Pompée et à Cicéron. On cite parmi les gourmands célèbres, Hortentius, Fabius *Gurges* (Legouffre), Messalinus Cotta, le tragédien Æsopus, etc. Apicius, après avoir dépensé plus de douze millions de nos francs (valeur actuelle) en quelques repas, craignit de mourir de faim parce qu'il ne lui restait plus qu'environ 1,500,000 francs, pour les dépenses de sa cuisine. Mais tout ceci est peu en comparaison des extravagances de plusieurs empereurs romains.

On connaît les débauches de Marc-Antoine, qui faisait servir jusqu'à huit sangliers entiers, par repas de huit personnes. Vitellius dépensait près de 80,000 francs par jour pour sa nourriture, et il ne lui était pas rare de donner des festins de 100,000 écus (1). Dans un seul repas, donné impromptu à son frère, il y avait sept mille sortes d'oiseaux

_____

(1) Sueton., *Vitell.*, cap. XIII.

et deux mille poissons de choix pour fêter la
dédicace d'un vaste plat d'or, qui contenait
des cervelles de paons, des langues de car-
pes et des cœurs de phœnicoptères (1), le
tout recueilli par des vaisseaux et des co-
hortes de chasseurs envoyés exprès vers le
détroit de Gibraltar, et jusqu'aux monts
Krapacks : aussi ce seul plat revenait-il à
plus de 200,000 francs.

Que dire des folies de Caligula? Domi-
tien fait assembler le sénat pour décider à
quelle sauce on doit apprêter un énorme

(1) *Phœnicopterus minor*, GEOFF. Petit oiseau qui
se trouve au Sénégal : sa longueur totale, de la pointe
du bec au bout des ongles, est de quatre pouces ;
sa tête, petite et oblongue, est couronnée par une
espèce de huppe. Les yeux sont petits et vifs ; les
plumes du dos ainsi que celles des ailes sont d'une
belle couleur de feu ; le reste du plumage est d'une
blancheur éclatante. Il ne fréquente que les eaux
douces, et on ne le voit jamais sur le rivage de la
mer : il est très-farouche. Les anciens en faisaient
un grand cas comme mets recherché. (DICT. D'HIST.
NATUR. ET D'AGRICULT., tom. XXV, p. 520.)

turbot (1). Sous Commode et d'autres empereurs, les esturgeons étaient apportés sur
la table avec une pompe triomphale.

Ælius Verus faisait des prodigalités inouïes
dans ses repas, où il dépensait jusqu'à
600,000 sesterces (2); mais l'empereur Hé-
liogabale, ce monstre d'extravagances en
tous genres, semble avoir surpassé tous les
autres, au rapport de Lampridius : chacun
de ses repas coûtait l'un dans l'autre à
l'État, plus de 800,000 fr., et il y avait toujours plusieurs plats qui valaient à eux seuls
140,000 fr. On n'en sera pas surpris, si l'on
considère qu'il faisait mettre ensemble jusqu'à six cents cervelles d'autruches avec les
talons grillés d'un grand nombre de jeunes
chameaux (3); qu'il voulait des plats seuls
composés de langues de perroquets, de
rossignols ou de barbillons. Il mettait à prix
l'invention d'une nouvelle sauce; il voulut

(1) La Gastronomie de *Berchoux.*
(2) Ou 90,000 francs de notre monnaie.
(3) Hᴇʀᴏᴅɪᴀɴᴜs, lib. xɪv.

même (dit-on) faire apprêter jusqu'à de la chair humaine en *blanquette*, et des excrémens séchés, *en salade*, pour savourer tout ce qu'il était possible de connaître dans la nature (1).

On doit penser que les différentes boissons de ces grands maîtres de la gourmandise humaine n'étaient pas oubliées par des êtres si dévoués à la sensualité du palais. Les vins naturels de Scio, de Lesbos, ceux d'Albe, de Sorrente, de Falerne, le Massique, le Cœcube, chantés par Virgile, étaient les plus recherchés. On apprêtait aussi des vins et des boissons avec diverses substances, pour leur communiquer des saveurs aromatiques.

En général, les mets des anciens étaient bien plus assaisonnés ou épicés que les nôtres, pour allumer l'appétit plus violemment. (Voyez CORNEL. CELSUS, *de Medic.*,

_____

(1) On peut à cet égard consulter le Traité d'Apicius Coelius (*De opsomis et condimentis, sive arte coquinariâ*, libri x). Amster.. 1709 ; in-8°.

**

lib. 1, cap. 3, et SENEC., *Epist.* 95 *et* 122.)
Vous y trouverez, bien plus que dans nos
Cuisinières bourgeoises, dans nos *Cuisiniers
royaux*, et même dans *le Cuisinier des Cuisiniers*, presque tout. assaisonné de *gazum*
(saumure faite avec des intestins de maquereaux putrifiés); de *laser*, qui n'est autre
chose que l'*assa-fœtida*, de rue, de corian-
dre fraîche sentant la punaise, de cumin,
de baies de myrthe, de semences de fenouil,
de chardonnette, de spica-nard, de racines
âcres de pyrèthre, de graines d'ortie, de
séséli d'Éthiopie, etc., etc. Ils joignaient
souvent au sel de nître, le sel ammoniac;
ils aimaient le verjus et non le citron, l'ail,
l'échalotte, le thym et le poivre-long. Ils
faisaient grand cas du safran, de la cannelle
et de la menthe. Enfin ils ajoutaient du
poivre de Cayenne jusque dans leurs confitures au miel, tant ils avaient le goût blâsé.

En poussant si loin leur gourmandise, ils
se gorgeaient souvent de tant d'alimens
qu'ils étaient forcés de les rejeter. Cette
honteuse et dégoûtante action était deve-

nue journalière pour plusieurs de ces anti-
ques gloutons. Dion Cassius et Suétone
rapportent que Vitellius, qui en avait l'habitude, la mit tout-à-fait à la mode. Elle
était déjà connue du temps de Cicéron, et
les femmes même en prirent la coutume (1),
quoique les médecins s'élevassent avec raison contre elle, comme étant opposée à une
bonne digestion et par conséquent à la
santé (2). Asclépiade réclama surtout avec
chaleur contre ces vomissemens, forcés par
des moyens mécaniques, tels que l'intro-
duction des doigts ou d'une plume dans la
gorge. Cependant la plupart des gastronomes et des Romains de *bon genre* se net-
toyaient ainsi l'estomac avant de se mettre
à table.

D'autres allaient se débarrasser aux bains
de la surcharge du souper (selon Juvénal).
Aussi plaçait-on des cuvettes ou bassins
dans le voisinage des salons de festins, et

(1) *Epist. ad Atticum*, lib. XIII.
(2) PLUTAR., *De sanitate tuendâ*, lib. II, cap. 12.

même les Sybarites apportaient jusque sous la table leurs *urinoires* (1). Ces vomisse-mens n'étaient qu'une préparation à de nouveaux excès. *Vomunt ut edant, edunt ut vomant*, dit Sénèque (2).

Depuis, cette *sublime science de la gueule* (pour parler comme le naïf Montaigne) n'a fait que croître et embellir. Cependant elle ne fut bien connue en France qu'à l'époque du règne de Catherine de Médicis, qui déjà l'avait fait fleurir en Italie après plus de treize cents ans de sommeil et d'oubli. L'é-clat que jeta en Europe le siècle de Louis XIV et la protection toute spéciale que ses mi-nistres accordèrent aux sciences, aux let-tres et aux arts, fit naître, comme on sait, le développement du génie d'une foule de grands hommes qui excellèrent dans tous les genres. L'art de faire bonne chère ne

_____

(1) Angelus Sala, *De esu carnium.*

(2) Consultez, sur les repas des anciens, Bulen-gezus, Stuckius, Fromond, Vincent, et une foule d'autres auteurs qui ont traité la même matière.

fut pas des derniers. Vers la fin du dix-hui-
tième siècle la monarchie commença à
vieillir, et avec elle les anciennes traditions
de la cuisine, lorsque la révolution vint
tout à coup les anéantir toutes les deux à la
fois.

La république française paralysa la re-
naissance de l'art culinaire, que déjà l'époque de la terreur avait arrêté dans sa marche.
Le règne des Vandales mit en quelque sorte
l'Europe à la diète; le consulat lui rendit
l'appétit et les moyens de le satisfaire.

Sous l'empire s'élevèrent de toutes parts,
et à Paris surtout, les premiers temples re-
nommés pour la bonne cuisine; mais il fallait la restauration et le retour de l'immortel auteur de la charte, pour leur rendre
toute leur antique splendeur et cette renommée si justement acquise.

C'est maintenant qu'on trouverait facilement des hommes tels que ce Philoxène,
qui souhaitait d'avoir le cou d'une grue,
pour savourer plus long-temps nos mets si
délicats.

Pour moi, mangeur vulgaire (mais nou
ignorant), il m'irait fort mal sans doute de
déprécier l'art sublime des bons morceaux,
et cet art plus sublime encore de les connaître, de les choisir, de les découper et de
les servir, devenu un des principaux délices
de tant de grands fonctionnaires de cette
époque. Leur gloire impérissable, au milieu des indigestions, est chaque jour assez
noblement célébrée dans des poëmes, des
almanachs, des chansons, des manuels, et
même un code.

DEUXIÈME LEÇON.

INSTRUCTION PRÉPARATOIRE.

———

Il est une vérité incontestable, c'est que le nombre des mangeurs et des dîners, celui des médecins et des indigestions s'est accru dans une proportion effrayante depuis l'année 1814, époque à jamais mémorable de la restauration de la monarchie et de la restauration de la cuisine en France.

Le grand bouleversement occasioné par la révolution avait tout-à-fait dénaturé le grand art de savoir donner à dîner, par la raison toute simple que, les fortunes ayant passé dans d'autres mains, les nouveaux riches se trouvèrent totalement étrangers à cette science du *savoir-vivre*, dans laquelle nos Amphytrions d'autrefois excellaient. Maintenant que tout semble être rentré dans l'ordre primitif, nul doute que les Amphytrions d'aujourd'hui ne s'empressent d'accueillir les nouvelles instructions que je vais leur offrir en vingt petits articles que voici :

I.

Un maître de maison qui veut acquérir la réputation, en traitant chez lui, de *bien donner*, doit au moins recevoir une fois par semaine. Comme tous les sacrifices ne doivent rien lui coûter, je lui conseille de s'appuyer sur de grands moyens pécuniaires.

II.

Toutes les fois que vous inviterez en général et sans préciser le jour, c'est que vous voulez simplement ne faire qu'une politesse insignifiante, et vous vous trouveriez dupes d'être pris au mot; les seules invitations acceptables doivent être faites par vous à jour fixe, et même par écrit, parce que, dans tous les cas, le billet fait titre, et vous fait concevoir toute l'importance de l'engagement que vous contractez envers le convive que vous voulez posséder.

III.

Le salon d'un Amphytrion doit être approvisionné de journaux, de brochures nouvelles, de jeux innocens et même de curiosités, afin que ses convives puissent agréablement passer le temps de l'attente du dîner.

IV.

Dès l'instant que tous les convives sont réunis dans le salon, qui doit ordinairement succéder à la salle à manger, et qu'il a été averti qu'*il était servi*, le maître de la maison doit indiquer, de la main, la salle du festin, en disant : *Messieurs, donnez la main aux dames !* et passer le premier pour couper court à toutes les cérémonies, les mets n'en faisant aucunes pour refroidir.

V.

Un Amphytrion doit être de la dernière sévérité pour les invités retardataires : pour eux il ne doit pas avoir d'entrailles, car il est de la dernière impolitesse de se présenter, même lorsqu'on a été invité, à la porte de la salle à manger, lorsque le dîner est *en train*. Il faut, en pareil cas, avoir assez de courage pour s'abstenir d'entrer, dût-on aller dîner chez le restaurateur, ou, ce qui serait préférable, vu l'inconvenance, se passer de dîner, aux risques d'aller le lendemain lui demander à déjeûner *à la four-chette*, comme moyen de justification et par contre-coup.

VI.

Il est du devoir d'un Amphytrion *consom-mé* de saisir, au commencement du dîner, le moment où tous les convives gardent un silence *masticatoire*, pour les faire connaître les uns aux autres, en les nommant indivi-duellement et tout haut. C'est ainsi qu'il fera naître en eux des rapports qui ne feront qu'ajouter aux charmes du repas.

VII.

A table tous les convives sont égaux en droit. Qu'un personnage élevé en dignité, et surtout remarquable par ses qualités, son esprit, sa vertu même (lorsque cela se trouve), vienne prendre place, celle qui lui sera désignée sera au centre (à côté du maître ou de la maîtresse de la maison) ou au haut bout, et le *nec plus ultra* des honneurs, un *rouge-bord* à sa santé. Si ce convive ne boit habituellement que de l'eau (circonstance extraordinairement rare), cette marque de distinction ne lui est même pas due.

VIII.

Un maître de maison doit recommander à ses domestiques d'être sourds et muets pour tout ce qui n'est point relatif au service de la table, parce que ceux-ci ne doivent témoigner par aucun signe intérieur ou extérieur, qu'ils écoutent et qu'ils comprennent la conversation. Toute leur attention doit être concentrée sur les besoins de l'Amphytrion, ou sur ceux que les convives, ses voisins, peuvent avoir d'eux.

IX.

Un autre point non moins essentiel est

de ne point discourir tout bas avec quel-
qu'un de sa maison, d'éviter de gronder sa
femme ou ses enfans, et de ne parler que
très-brièvement et très-haut aux domestiques, et seulement pour les choses qui ont
rapport au service.

X.

Celui qui donne à dîner doit essayer de se
rappeler le goût particulier de chaque convive pour tel met, tel vin, telle liqueur, et,
s'il entre dans le service, il tâchera de lui
faire sentir adroitement que c'est à son intention qu'il se l'est procuré. Il tombe sous
le sens qu'il ne convient pas à un maître de
maison de faire lui-même l'éloge du dîner
qu'il offre à ses convives; cela serait une
vanité aussi déplacée que le cas contraire
dans lequel tombent quelques amphytrions,
qui avec une modestie provinciale, prient
d'excuser la mauvaise chair qu'ils vous font
faire pour mendier des louanges frivoles
par des excuses hors de saison.

XI.

Il doit constamment veiller sur l'assiette des convives et leur proposer quelque chose chaque fois qu'elle est vide, sans pourtant les presser de manger et de boire, car rien n'est plus importun que cette espèce de prévenance.

XII.

Quiconque invite à dîner est obligé sur sa conscience de présenter un visage riant et satisfait, un esprit de sociabilité en permanence.

De même que le poivre, le sel et la moutarde appartiennent à chaque convive et roulent d'un bout de la table à l'autre comme une propriété publique et un ingrédien commun à tous les mets, de même l'esprit, les connaissances, les soins, les prévenances de l'amphytrion sont des ingrédiens sociaux dont chacun doit avoir sa part pendant toute la durée du repas.

XIII.

Si pendant le dîner il s'élève quelques

***

légères contestations, on chantera ; si les
chants ne calment pas l'effervescence des
convives, on boira ; si l'on persiste, malgré
Bacchus et Apollon, chacun trinquera, rira
et étouffera sous les bruyans éclats de la
joie jusqu'à l'apparence de la mauvaise humeur : l'Amphytrion devra donner le premier l'exemple dans ce cas délicat.

XIV.

La question de savoir s'il faut chanter ou
non à table a souvent été agitée par les amphytrions de toutes les classes.

Moi je pense que non-seulement il faut
chanter au dessert, mais encore commencer à chanter aussitôt que les entremets ont
été servis ; les chansons égayent singulièrement un repas. Quand même, ne sait-on
pas que la nation française est essentiellement chantante, selon la remarque du *fi-
nancier* Mazarin ? Elle chante pour calmer
ses inquiétudes comme pour célébrer ses
plaisirs. C'était en chantant que les Français
volaient naguère aux combats, puis ils chan-

taient pour célébrer leurs triomphes ; maintenant qu'il n'y a plus de combats et par conséquent plus de triomphes, ils chantent les faveurs comme les rigueurs de leurs maîtresses ; ils chantent Bacchus et l'amour quand ils sont à table surtout ; quelquefois même on voit le couplet aiguisé en épigramme courir la ville, et punir, au défaut de lois tel ou tel ministre prévaricateur, et acquitter ainsi la vengeance publique. Malheureusement quoiqu'il n'y ait plus de guerre, il y a toujours des prisons pour les chanteurs qui ne peuvent pas chanter sur tous les tons ; mais comme ces rimeurs n'en sont pas moins musiciens, et que ce n'est pas leur faute si leurs oreilles n'ont pas la même conformation que celles des premiers, ils chantent encore en prison pour charmer les ennuis de leur captivité ; et malgré les *mazarinades* du jour ils chanteront encore, ils chanteront toujours, ne serait-ce que pour n'en pas avoir le démenti.

Cependant un amphytrion *fonctionnarisé* ne doit pas permettre ce dernier genre de couplet, il doit se renfermer dans les bornes des chansons bachiques, grivoises, et même un peu érotiques, pousser même à ces dernières de tout son pouvoir, toutes les fois qu'elles ne blessent pas strictement les mœurs et la décence.

XV.

Le maître de la maison devra encore indiquer lui-même aux convives des sujets de conversation qui soient sans inconvéniens comme sans dangers.

XVI.

Une fois le dessert servi et commencé, les domestiques ne doivent point rester dans la salle à manger sous quelque prétexte que ce puisse être.

XVII.

Il existe très-peu de cas où un Amphytrion doive décacheter une lettre qu'on lui remet étant à table, parce que de deux choses l'une : si c'est une bonne nouvelle il en jouira bien mieux dans la paix qui suit une digestion libérale ; si c'est une mauvaise nouvelle, l'influence qu'elle répandra parmi les convives ne l'avertira que trop qu'il aurait mieux fait d'attendre.

Un maître de maison doit donc recommander expressément à ses domestiques de ne jamais lui apporter de missive lorsqu'il donne à dîner et qu'on est *en train*.

XVIII.

Il faut qu'il ait constamment l'œil sur l'état des bouteilles afin de pourvoir le plus promptement possible à leur remplacement, du moment qu'elles sont vides.

XIX.

Le dîner terminé, le maître de la maison doit donner le signal pour quitter la table et passer au salon, mais cette fois il ne doit y entrer que le dernier.

XX.

Pour compléter l'instruction qui fait l'objet de cette deuxième leçon, je me contenterai de dire que, le dîner terminé dans toutes ses parties, il ne reste plus au maître de la maison que de chercher à établir dans le salon une conversation telle que ses convives ne puissent se ressentir du besoin de dormir, afin de leur procurer une digestion généreuse. Il devra fermer les yeux à la vue d'un convive qui s'esquive avec ou même sans chapeau, parce qu'il doit lui supposer une de ces *affaires pressantes* qui ne souffrent aucun retard pour s'en débarrasser.

TROISIÈME LEÇON.

DU PLACEMENT DES CONVIVES A TABLE.

———

Lorsque l'on donne à dîner, le plus difficile n'est pas d'avoir un bon *chef*, de découper et servir avec grâce, d'avoir de bons vins et de fines liqueurs ; le plus vulgaire rentier à 12,000 francs en sait là-dessus autant que l'auteur du *Code gourmand* ; mais où est celui qui, comme ce savant gastronome, sait assortir convenablement les convives, les maintenir dans une harmonie toujours égale, mettre chacun dans un jour favorable, veiller aux besoins de tous, deviner leurs pensées, aider leur mémoire, inspirer leur génie, les renvoyer enfin tous également contens de lui, des autres et d'eux-mêmes ? Quel est le ministre à portefeuille, le directeur général, le président d'assemblée, l'homme en place, le provi-

seur de collége, qui ose se flatter d'atteindre à ce degré de perfection.

C'est donc une science, aussi importante
que rare aujourd'hui, que celle d'un Amphytrion *fini*. Elle a souvent servi, à ceux
qui pouvaient atteindre à cette hauteur, de
pierre-de-touche au mérite ignoré, aux faveurs de la fortune; et tel qui s'est distingué
dans la diplomatie, dans le conseil des rois,
dans nos assemblées parlementaires, et
même dans le temple des Muses, qui fait
face au *Musée*, en traversant le *pont des
Arts*, ne dut peut-être toute sa réputation,
toute sa force, toute son éloquence et tout
son savoir, qu'aux prôneurs des *dîners ache-
vés* qu'il sut donner à propos.

Mais la théorie de cette science ne s'apprend pas; elle suppose un tact, une expé-
rience, une profondeur de jugement, pour
ainsi dire, innés et naturels. Telle est la raison, sans doute, pour laquelle j'ai vu si peu
de dîners bien ordonnés, de convives bien
assortis, et d'*après-dîners* bien amusans.

Le soin de recevoir, réunir, placer les

convives est donc un de ceux qui sont les
plus importans et les plus difficiles de l'Amphytrion : s'il ne sait pas les choisir, les assortir, les faire valoir les uns par les autres,
autant vaudrait-il dîner sans feu par un
froid de dix degrés au-dessous de zéro (*ther-
momètre de Réaumur*), étouffer dans une salle
à manger au mois de juillet, par une chaleur de vingt degrés (*beurre en fusion*), ne
boire que du vin de Surêne, et que le dîner
fût fait par le chef d'un restaurant de la rue
de *l'Arbre-Sec*, à vingt-un sous par tête.

D'abord je me prononcerai constamment
et formellement contre l'étiquette ; elle n'est
bonne tout au plus que dans les repas de
corps de la garde royale ; l'égalité la plus
franche doit régner dans le cours du dîner,
et le dessert une fois servi toutes les assiettes comme tous les rangs doivent être con-
fondus ; cependant il est nécessaire qu'une
volonté secrète, insensible, mais active et
vigilante, préside comme une seconde pro-
vidence au placement des convives, comme
à celui des mets.

Jamais un paralytique ne doit être assis, à table, à côté d'un médecin sévère ; une jeune personne à côté de son prétendu ; un censeur à côté d'un membre de la Cour royale ; la femme à côté de son mari ; un homme de lettres à côté de son libraire ; un poète à côté d'un chimiste ; un député du centre à côté d'un député du côté droit ; un comédien à côté d'un journaliste ; une danseuse à côté d'un membre de la *société catholique des bons livres* ; un ministre à côté d'un pair de France ; un abbé à côté d'un président du Consistoire ; un homme en place à côté d'un fonctionnaire destitué, etc., etc., etc. Il faut, non pas de la rigueur, mais une sorte de subtilité pour tromper en ceci le penchant qui entraîne chaque convive ; si vous n'y faites attention , il en résultera souvent un mouvement d'humeur et un petit accès de bouderie. Il n'en faut pas davantage pour *étrangler* la gaîté qui s'éteint par l'*incarcération* de la parole.

Ecoutez ce membre de la *Société des antiquaires* discutant gravement avec un confrère de l'*Académie des Inscriptions* sur la dernière écuelle de terre cassée, trouvée à Herculanum ; les voilà absorbés dans l'immensité de l'inconnu, et pendant ce temps l'un d'eux renverse le moutardier sur les genoux de sa jolie voisine.

Croyez-vous que ces deux enfans d'Apollon qui rient de cette distraction soient plus présens au repas ? Ils s'interrogent et se communiquent des idées ; Dieu les garde de se fâcher ! les amitiés de poètes romantiques sont souvent orageuses. J'entends l'un d'eux défendre avec un zèle trop ardent un hémistiche de **M.** de Lamartine que son voisin réprouve. C'est le nuage qui recèle la tempête ; les deux amis se fâchent : l'un d'eux avale une bouchée de travers, et.... une incongruïté impardonnable vient d'être commise dans l'assiette même qui en a fourni l'élément.

On est touché de la liaison exemplaire, imperturbable, de ces deux amans assis à trois lignes et demie de distance ? on les croirait presqu'assis sur la même chaise, tant ils se portent avec ardeur vers la partie qui les rapproche le plus l'un vers l'autre : ils ne voient ni n'entendent rien ; à peine *font-ils semblant* de manger ; mais le pied, le genou, et quelquefois les mains sont en mouvement. L'un d'eux est sur l'offensive, l'autre toujours sur la défensive, et tous deux ont l'œil vigilant. Vous croyez qu'ils ne songent à rien, qu'ils ne disent rien.... Eh bien ! vous vous trompez ; demandez plutôt à cette noble comtesse du faubourg Saint-Germain, qui ne sort ni des anchois ni des cornichons ; elle est dévote maintenant parce qu'elle est forcée d'avouer qu'elle a au moins cinquante-cinq printemps. Ce tableau lui rappelle des souvenirs tout au moins du temps des assignats. Elle vous dira que *ces jeunes gens sont charmans ;* c'est possible : mais moi j'avoue qu'ils sont fort ennuyeux, parce que tandis que tout le monde a passé les *entrées,* ils en sont restés au *relevé de potage.*

A-t-on besoin de tous ces convives préoccupés ? C'est à l'Athénée ou au collége de

France qu'il faut placer ces savans, qui avec un verre d'eau sucrée à la main pourront discuter tout à leur aise ; c'est au foyer de l'Odéon que ces poëtes romantiques pourront se prendre aux cheveux sans crainte que personne n'y vienne les séparer ; c'est sous l'ombrage , réfléchi dans un clair ruisseau, qu'il faut envoyer les amoureux qui n'ont pas faim. Quant à madame la comtesse, elle fera tout aussi bien de dîner dorénavant avec du pain bénit, à Saint-Thomas d'Aquin.

Ne mettez donc jamais ni les savans, ni les faisenrs de vers, ni les amans, ni les comtesses du faubourg Saint-Germain à côté les uns des autres : il leur faut des places isolées ; il n'y a que le convive aimable qui sache manger et boire, qui puisse être placé à table , n'importe où.

QUATRIÈME LEÇON.

DES MENUS (1) EN GÉNÉRAL.

———

Il faut qu'un maître de maison, jaloux de mériter la qualification d'*Amphytrion fini*, s'occupe personnellement de la composition du repas, lorsqu'il a l'intention de donner à dîner.

Malheureusement dans beaucoup de maisons, citées pour leur opulence, on laisse le cuisinier absolument le maître de composer le menu à sa fantaisie et comme il l'entend, tandis que le maître de la maison ne prend

(1) On entend par le mot *menu*, en parlant d'un repas quelconque, la table générale et raisonnée de tout ce qui doit y entrer, depuis tout ce qui sort de la cuisine et de l'office pour figurer sur la table, jusqu'à tout ce qui vient du grenier et de la cave.

La composition de ce catalogue regarde essentiellement le *chef* de cuisine; c'est au maître de la maison à le discuter, l'augmenter, le changer ou enfin ... le diminuer.

connaissance du dîner, que lorsqu'il est à table et au fur et à mesure que les mets passent sous ses yeux. Ce n'est point ainsi qu'un chef de maison doit agir parce qu'il peut, le plus innocemment du monde, induire ses convives en erreur, tout en ayant l'intention de leur faire faire un dîner succulent, et dans ce cas il devrait en être de la cuisine comme de la politique; c'est-à-dire, rendre les cuisiniers et les ministres responsables de leurs œuvres.

Cependant je dois l'avouer, on ne voit presque plus de ces abus qui dégoutaient les convives les plus tolérans dans les *grands dîners priés*, tels que de voir des chiens venir flairer votre assiette et manger un os de côtelette en se servant de votre pied revêtu d'un léger bas de soie blanc, comme d'un point d'appui; on ne voit plus de perroquet se mêler, dans la salle à manger, de la conversation des convives : enfin, on ne voit plus de ces grands laquais qui ne vous permettaient de boire que lorsqu'ils daignaient se donner la peine d'aller prendre les bouteilles ou les carafes sur le buffet. Si cela se fait encore, ce n'est tout au plus que pour le *coup du milieu*, ou pour des vins de dessert, et encore n'est-ce qu'un reste de barbarie que l'on ne voit qu'au Marais; il a disparu entièrement de la Chaussée-d'Antin et même du faubourg Saint-Germain; maintenant chacun doit avoir sa bouteille à côté de soi, et quant à la carafe, une pour quatre suffit.

Il était encore un usage bien plus désagréable, adopté surtout dans les grands déjeûners à la ville, et dans les grands dîners à la campagne. C'était de servir ensemble les hors-d'œuvres, les entrées, les rôts, les entremets et même le dessert. S'il y a de l'inconvénient à servir toutes les entrées en même temps que le potage, à plus forte raison y en a-t-il à servir tout le dîner à la fois. Les mets se refroidissent : s'il y a des fritures, lorsque leur tour arrive de les manger, leur pâte devenue froide et molasse n'a plus d'autre goût que celui de la colle; s'il y a des sauces blanches, le beurre est figé.

S'il y a des fromages glacés, ils sont fondus, et ne ressemblent plus qu'à des sorbets de la veille. Il ne s'agit pas d'être scrupuleux pour détester cette manie, mais les goûts les plus simples, les appétits les plus modestes, les réprouvent justement.

Il en est d'un dîner bien ordonné, comme des cinq actes d'une tragédie bien conçue. Si vous servez tous les mets ensemble, c'est comme si vous représentiez à la fois les cinq actes sur un théâtre divisé en cinq compartimens. Le dénouement se ferait en haut, en même temps que l'exposition aurait lieu en bas; et cela produirait un charivari inconcevable. Un dîner bien ordonné doit être comme une œuvre dramatique; il doit avoir son exposition (la table et le couvert); son intrigue (le potage, les relevés et les hors-d'œuvre); son nœud (les entrées); son action (le rôti et les entremets); son dénouement (le dessert et le café). L'attente d'un service n'est autre chose que l'entr'acte, qui doit être des dix-neuf vingtièmes moins long que ceux de Feydeau. Cette courte attente réveille l'appétit, et donne à l'*inviteur* le temps de reprendre haleine, et aux *invités* la facilité de lui distribuer les éloges qui lui sont dus ainsi qu'à son *chef.*

En général, les menus doivent varier selon les saisons, puisqu'ils se composent des productions que la nature bienfaisante nous offre à des époques à peu près fixes dans chaque climat. C'est au cuisinier habile à saisir le moment, où chacune de ces productions est dans son plus grand degré de bonté, pour l'adopter.

Je ferai observer qu'il y a une foule de mets et de ragoûts qui ne portent des noms bizarres que parce qu'ils les doivent à leurs inventeurs, tels que les *escalopes au velouté,* les *petits manqués,* les *carbonades à la Soubyse* (1), etc., etc.

(1) Ces trois derniers mets furent inventés par le maréchal prince de Soubise, mauvais général, mais excellent Amphycrion. Sa table était renommée par sa grande délicatesse, et il s'occupait plutôt de cuisine que de diplomatie. Le prince de Guéménée,

Les noms de ces mets ont été souvent es-
tropiés dans la bouche de certains artistes
qui ne se piquent pas d'être grammairiens;
et c'est pour cela que je me propose de les
rendre intacts et dans toute leur pureté, à la
mémoire des pères de la cuisine. C'est une
dette que je me propose d'acquitter un jour,
en ayant soin de comprendre dans ce nouveau vocabulaire les mets fameux que l'é-
poque a vu naître, tels que les *corbiériades
piquées*, une *peyronéide soufflée*, des *villéliades*

son gendre, célèbre surtout par son appétit, et la
banqueroute de vingt millions qu'il fit peu de temps
avant la révolution, tenait une fort bonne table. On
lui doit également l'invention de plusieurs ragoûts;
entre autres, les *carrés à la Guéménée*, les *petits pâ-
tés chauds à la Guéménée*, la sauce dite *orientale* ou
à la Guéménée, etc. S'il ne s'était occupé que de
sauces, il aurait enrichi quelques cuisiniers; tandis
qu'en s'occupant de finances il a ruiné plusieurs
familles. On pourrait en dire autant aujourd'hui de
certaines notabilités qui feraient bien mieux de s'occuper de leur *perroquet*, de leurs *bouquins*, et de
leurs *queues de billard* : il n'y aurait peut-être pas
tant d'individus qui meurent de faim.

manquées. Quoique ces mets ne soient point
du goût de tous les gastronomes, et qu'ils
soient par eux-mêmes déjà un peu anciens,
il ne faudrait pourtant rien moins qu'une
révolution en cuisine pour les faire *sauter*.

CINQUIÈME LEÇON.

DU COUVERT ET DES METS.

Un homme qui donne à dîner a plus d'une affaire : ce n'est pas tout que d'avoir commandé et discuté, le matin, avec son chef de cuisine, le menu dont il veut faire les honneurs à ses convives, de les recevoir lorsqu'ils arrivent; il faut encore qu'il donne son coup d'œil à la *mise* du couvert, afin de voir et de juger si le service se fera sans aucun retard; s'il ne manquera d'aucun de ces petits ustensiles inventés pour la commodité des gens riches, dont les individus qui ne le sont pas s'accommodent tout aussi bien; en un mot, de ces petits objets dont l'emploi et l'usage est si bien défini par nos voisins les Anglais, sous la qualification de *confortables*.

D'abord un couvert (je ne parle que de celui d'un des convives quelconques) se compose de six choses, savoir : 1° une assiette (1) ; 2° une serviette (2) ; 3° une fourchette (3) ; 4° une cuillère (4) ; 5° un couteau (5), et 6° un verre (6).

Il faut faire changer d'assiettes à chaque mets après qu'il a été mangé, et de couvert *complet* après chaque service.

(1) L'usage des assiettes n'est pas aussi ancien qu'on pourrait le croire, puisqu'au sacre de Louis XII on se servit encore de tranches de pain coupées en rond qui en tinrent lieu. Après le repas, ce pain était distribué aux pauvres. Cet usage s'appelait *donner le pain du sacre.*

(2) Les premières serviettes furent faites à Reims, et offertes par cette ville à Charles VII, lorsqu'il s'y fit sacrer.

(3) Henri III est le premier qui se soit servi d'une fourchette.

(4) L'origine précise des cuillères remonte à la plus haute antiquité, puisque les Égyptiens en faisaient habituellement usage.

(5) Je pense que ce doit être Abraham qui s'en servit le premier, lorsqu'il voulut immoler son fils.

(6) On ignore encore complètement l'époque à laquelle les premiers verres à boire firent leur apparition.

. Toutes les entrées et entremets chauds, les légumes, les fritures et les crèmes froides ou chaudes, se servent avec la cuillère.

Le melon, les pâtisseries, les écrevisses et les homards se servent avec les doigts.

Il n'existe qu'une seule espèce de mets qu'il soit toléré de manger également avec les doigts : c'est la salade; et encore faut-il que ce soit de la *romaine*; toutes les autres se mangent avec la fourchette. On mangeait ainsi les pommes de terre frites autrefois, mais cela ne se fait plus. Les petits pois seuls, en fait de légumes, pourvu qu'ils ne soient point accommodés *au lard*, se mangent avec une cuillère.

Au surplus, si l'on veut avoir une idée juste et convenable de tous les petits *us* et coutumes qui s'observent journellement à une table bien composée, la lecture de l'anecdote suivante donnera une juste idée de toutes les convenances qui y sont exigées.

C'est Delille qui la raconte lui-même à un fameux dîner, chez un de ses confrères de l'Académie, qui, sans avoir la moitié de son talent, avait au moins le double de son appétit.

« Elles sont innombrables, dit l'immortel traducteur des *Géorgiques* : et ce qu'il y a de fâcheux, c'est que tout l'esprit du monde ne suffirait pas pour faire deviner ces importantes vétilles. Dernièrement, ajouta-t-il, l'abbé Cosson, professeur de belles-lettres au collége Mazarin, me parla d'un dîner auquel il s'était trouvé quelques jours auparavant avec des gens de la cour, des cordons bleus, des maréchaux de France, chez l'abbé de Radonvilliers, à Versailles. Je parie, lui dis-je, que vous y avez fait cent incongruïtés? — Comment donc, reprit vivement l'abbé, fort inquiet, il me semble que j'ai fait la même chose que tout le monde? — Quelle présomption! Je gage que vous n'avez rien fait comme personne. Mais voyons, au surplus : je me bornerai au dîner. Et, d'abord, que fîtes-vous de votre serviette en vous mettant à table ? — De ma serviette? je fis comme tout le monde : je la déployai, je l'étendis sur moi,

et l'attachai par un coin à ma boutonnière.
— Eh bien, mon cher, vous êtes le seul qui
ayez fait cela ; *on n'étale pas sa serviette, on
la laisse sur ses genoux.* Et comment fîtes-
vous pour manger votre soupe ? — Comme
tout le monde, je pense : je pris ma cuillère d'une main et ma fourchette de l'autre...
—Votre fourchette, bon Dieu ! *Personne ne
prend de fourchette pour manger la soupe.*
Mais poursuivons : après votre soupe, que
mangeâtes-vous? — Un œuf frais. — Et
que fîtes-vous de la coquille ? — Comme
tout le monde : je la laissai au laquais qui
me servait. — Sans la casser? — Sans la
casser. — Eh bien, mon cher, *on ne mange
jamais un œuf sans briser la coquille.* Et après
votre œuf? —Je demandai du *bouilli.* — Du
bouilli! personne ne se sert de cette expres-
sion : on demande du *bœuf* et non pas du
bouilli. Et après cet aliment? — Je priai
l'abbé Radonvilliers de m'envoyer d'une
très-belle volaille. — Malheureux ! *de la volaille! on demande du poulet, du chapon, de
la poularde;* on ne parle de volaille que dans

**

une basse-cour..... Mais vous ne dites rien de votre manière de demander à boire ? — J'ai, comme tout le monde, demandé du Champagne, du Bordeaux aux personnes qui en avaient devant elles. — Sachez donc qu'on *demande du vin de Champagne, du vin de Bordeaux.....* Mais dites-moi quelque chose de la manière dont vous mangeâtes votre pain ? — Certainement, à la manière de tout le monde : je le coupai proprement avec mon couteau..... — Eh ! *on rompt son pain, on ne le coupe pas...* Avançons ; le café, comment le prîtes-vous ? — Eh ! pour le coup, comme tout le monde : il était brûlant, je le versai par petite partie de ma tasse dans ma soucoupe... — Eh bien ! vous fîtes comme ne fit sûrement personne : *tout le monde boit son café dans sa tasse et jamais dans sa soucoupe.* Vous voyez donc, mon cher Cosson, que vous n'avez pas dit un mot, pas fait un mouvement qui ne fût contre l'usage. L'abbé Cosson était confondu, continua Delille, et pendant six semaines il s'informa à toutes les personnes

qu'il rencontrait, de quelques-uns des usa-
ges sur lesquels je l'avais critiqué (1). » Que
d'Amphytrions et de convives ressemblent
encore à l'abbé Cosson !...

(1) Si, à en croire Delille, l'abbé Cosson manquait d'usage, à entendre M. de Champagne, qui
fut mon proviseur au lycée impérial (car, soit dit
en passant, mes chers lecteurs, j'ai fait mes études,
et j'ai été fort heureux, étant en Hongrie, de pouvoir m'y faire comprendre, même en *latin de cuisine*), il y a de cela dix-huit ou vingt ans, l'abbé
Cosson, dis-je, ne manquait pas d'esprit. Il fut ami
d'enfance avec M. de Champagne, et c'est de cet
honorable fonctionnaire, que la mort enleva trop
tôt à la respectueuse tendresse de ses élèves qu'il
regardait comme ses enfans, que je tiens le fait que
je vais raconter :

Un jour le susdit abbé avait déjeûné chez Chau-
veau-Lagarde, qu'il connaissait très-particulière-
ment : on lui avait servi un énorme pâté de veau,
de jambon et de gibier, dont il avait été fort satisfait. Le lendemain il se le rappela, et vint trouver
son ami de grand matin : « Mon cher avocat, lui
» dit-il, j'ai aujourd'hui du monde à déjeûner chez
» moi : je ne m'y attendais pas... Fais-moi donc le
» plaisir de me prêter ton pâté jusqu'à ce soir... »

C'est aux principes généraux que je viens d'indiquer, et que mentionne l'anecdote racontée par le Virgile français, que doivent se borner le service général de la table et des mets. Un maître de maison et les convives qu'il recevra, seront sûrs, en les pratiquant réciproquement, de mériter, le premier, la reconnaissance des uns, les seconds, toute la bienveillance de l'autre.

Truelle pour servir le poisson

Couteau à découper.

Fourchette à découper.

SI

DE

Un maître d
découper les vi
lorsqu'il donne
paré au possesse
qui ne saurait
ne serait pas pa
que de la honte

Bien que l'ar
viandes n'entr
l'éducation mai
nécessaire, po
table, et l'on n
en prenant pou
mand auteur d

« Le premier
de bien découp
couteaux et d

SIXIÈME LEÇON.

DE LA DISSECTION.

Un maître de maison qui ne saurait ni découper les viandes, ni servir les mets, lorsqu'il donne à dîner, pourrait être comparé au possesseur d'une riche bibliothèque, qui ne saurait ni lire ni écrire. Le premier ne serait pas pardonnable, il y aurait plus que de la honte pour le second.

Bien que l'art de disséquer et de servir les viandes n'entre pas essentiellement dans l'éducation maintenant, il n'est pas moins nécessaire, pour faire les honneurs de sa table, et l'on ne récusera pas mon autorité en prenant pour guide le spirituel et gourmand auteur du *Manuel des Amphytrions*.

« Le premier soin d'un Amphytrion jaloux de bien découper (dit-il), c'est d'avoir des couteaux et des fourchettes de dimensions différentes et proportionnées aux pièces sur lesquelles il doit opérer. Il faut que les couteaux aient le fil, et soient chaque jour passés sur une bonne pierre à l'eau, les fourchettes d'acier, bien pointues et fortes, quoique déliées. Comme il est très-difficile de bien découper dans le plat, il serait bon que l'Amphytrion eût à sa portée une crédence de bois d'ébène, ou simplement de noyer, bien propre, et qu'il opérât sur cette espèce d'établi. Il faut qu'il place devant lui la pièce bien d'aplomb, et qu'il ne craigne pas de se tenir debout,' si le cas le requiert ; ses mains doivent être agiles et bien assurées, ses bras souples et bien arrondis ; sa serviette doit entourer son buste en entier, afin que la crainte des éclaboussures ne l'empêche pas d'opérer librement. Attentif à sa besogne, il ne doit s'occuper que d'elle, et s'imaginer qu'il est seul, et que personne ne l'examine. »

De sorte qu'au fur et à mesure qu'un membre, un filet, une portion quelconque de la pièce aura été détachée du tronc, il devra

la mettre dans le plat, et la ranger symé-
triquement. Lorsque tout aura été divisé,
il servira à chacun des convives un des
morceaux qu'il aura découpés, ou enfin
il fera circuler le plat même, pour que
chacun puisse se servir selon son goût et
son appétit.

Il existe encore une manière de découper,
aujourd'hui passée de mode ; mais qui, au
Marais ou dans le faubourg Saint-Germain,
pourrait encore attirer les applaudissemens
des convives en masse : elle consiste à faire
toutes les opérations qui ont rapport à la
dissection du gibier ou de la volaille, en
l'air ; seulement il faut bien faire attention
à ne point mettre ses coudes dans le plat,
alors c'est le *Nec plus ultrà*.

Pour parvenir facilement à ce but, on
enfonce fortement sa fourchette (que l'on
doit tenir de la main gauche) dans le dos
de la poularde, du chapon ou du gibier,
que l'on soulève à hauteur de l'œil, c'est-
à-dire dix-huit pouces du plat ; puis avec
le couteau, que l'on tient de la main droite,

on coupe d'abord les cuisses et les ailes sans les détacher entièrement, le dessus de l'estomac et la *fourchette* du cou : puis passant à son voisin la pièce en cet état, celui-ci achève de détacher le membre qui lui convient davantage, et le fait tomber dans son assiette d'un léger coup de couteau. On promène la bête à la ronde, en la tenant toujours élevée sur la fourchette, et tous les convives se servent ainsi successivement.

Cette manière de disséquer une menue pièce de rôti était fort en vogue avant la révolution, où l'art de découper faisait partie d'une éducation finie ; mais depuis on est revenu de ces espèces de tour de force qui sont, à la manière de bien servir, ce que les danseurs du théâtre de madame Saqui sont à ceux de l'Académie royale de musique. Cette méthode avait, il est vrai, le mérite de la difficulté vaincue, mais c'était aux dépens de la propreté et de la gourmandise ; d'abord, en tenant une pièce en l'air, on hâtait son refroidissement, et l'on sait qu'un rôti, surtout lorsqu'il est

gras, ne saurait jamais être mangé trop
chaud ; ensuite faire circuler au bout d'une
fourchette une poularde fine ou une caille
toute ruisselante de jus et de graisse, c'était
s'exposer à tacher si non la nappe, du moins
la parure des convives ; enfin il n'était pas
fort aisé de choisir un morceau à sa conve-
nance, pour peu que l'on fût éloigné du
découpeur ; on était donc forcé de prendre
un membre tout entier (et l'on sait ce que
c'est que le membre de certain gibier); il
fallait donc encore le diviser sur son assiette
pour le partager avec un voisin ou une voisine, ce qui achevait d'en hâter le refroidissement. Quand même, les dames n'ont jamais aimé les gros morceaux, et elles les
ont tout-à-fait en horreur lorsqu'il faut
qu'elles se les partagent entre elles.

C'est donc avec raison que l'on a senti
l'abus de cette méthode et qu'on l'a entièrement bannie des tables où l'on se pique
de recherche et de savoir-vivre. On se con-
tente maintenant de couper une poularde,
un chapon, ou une pièce de gibier quelcon-

que dans le plat (il doit être échaudé s'il est
d'argent.) On y procède avec le plus de dextérité possible, en divisant d'abord chaque
cuisse en deux, après qu'elles ont été enlevées
(le pilon et le gras). Chaque aile enlevée se
partage en trois. On laisse les blancs en entier ; on tâche de faire cinq morceaux bien
séparés de la carcasse et du croupion, savoir : le croupion en trois, les deux côtes et
le morceau du *treffle* ; la carcasse en deux,
la *fourchette* et l'estomac ; puis après avoir
rangé ces divers morceaux dans un ordre
symétrique, et de manière à ce qu'aucun
d'eux ne cache l'autre, on fait passer le plat,
et chacun se sert à sa guise : s'il y a des
dames parmi les convives, elles doivent
toujours avoir la priorité.

Cette manière est sans contredit la plus
simple et la meilleure, aussi est-elle adop-
tée généralement.

Avant de terminer cette sixième Leçon,
j'ajouterai encore que le grand art de disséquer et de servir les mets n'est pas seulement nécessaire à un maître de maison,

il l'est également aux convives. Un homme qui sait parfaitement découper et servir, pour peu qu'il soit présentable, est admis partout où l'on mange, et recherché de préférence à ceux qui ne savent faire que cela exclusivement; tant il est vrai que pour briguer les emplois aujourd'hui il ne s'agit en quelque sorte que de savoir donner à propos un coup de fourchette ou un coup de chapeau.

SEPTIÈME LEÇON.

DES GROSSES VIANDES.

Du Bœuf (1).

C'est le roi de la cuisine. Il est le fondement des coulis, des *réductions* et de tous les appétits. C'est peut-être, de tous les alimens, celui que l'on mange avec le plus de plaisir, et dont on ne se lasse jamais; il est de première nécessité dans les apprêts d'un dîner : en un mot, le bœuf est à la cuisine ce que la contre-basse est à l'orchestre.

Il y a cinquante-quatre manières reconnues et usitées d'accommoder le bœuf, même après avoir été rôti ou bouilli. Je ne vais parler que de la manière de le découper en

---

(1) La France consomme 750,000 bœufs par an (terme moyen), sans compter Paris où il s'en mange 80,000 annuellement.

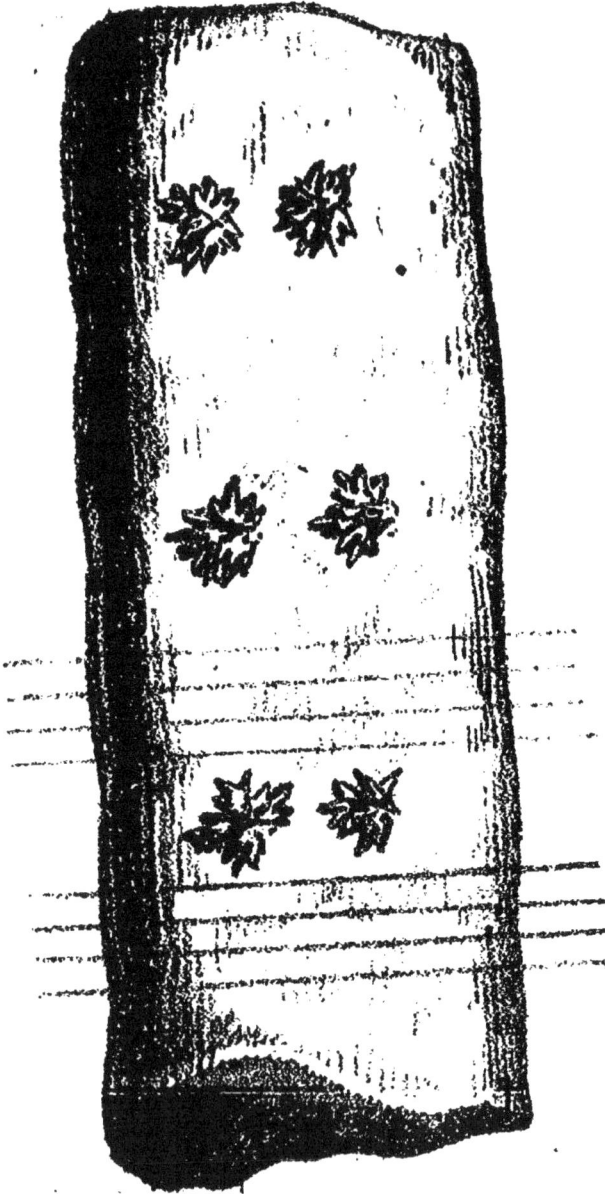

cet état, les autres se servant avec la cuillère.

Il faut toujours le couper en travers, afin que la viande se trouve courte; et, avant cette opération, dépouiller le morceau de ses os et de sa graisse superflue. Lorsque c'est un bon chef qui a dressé la pièce, il est aisé d'en reconnaître le fil, et par conséquent l'endroit où il convient de placer le couteau, et dont il faut partir. On coupera les tranches un peu minces, pas trop cependant, surtout si la pièce est très-cuite, afin qu'elles ne s'étalent pas. On fera en sorte que chacun ait une petite portion de graisse. Ceci s'applique à la *culotte* comme à la *tranche*. Quant à la poitrine, comme les os en sont la partie la plus délicate, on s'attachera à les bien diviser, et l'on en servira un par portion.

Nota. S'il y a un os à la moelle, il doit être offert à une dame de préférence. A cet effet, on fait griller une croûte de pain sur laquelle cette moelle est étalée; mangée

***

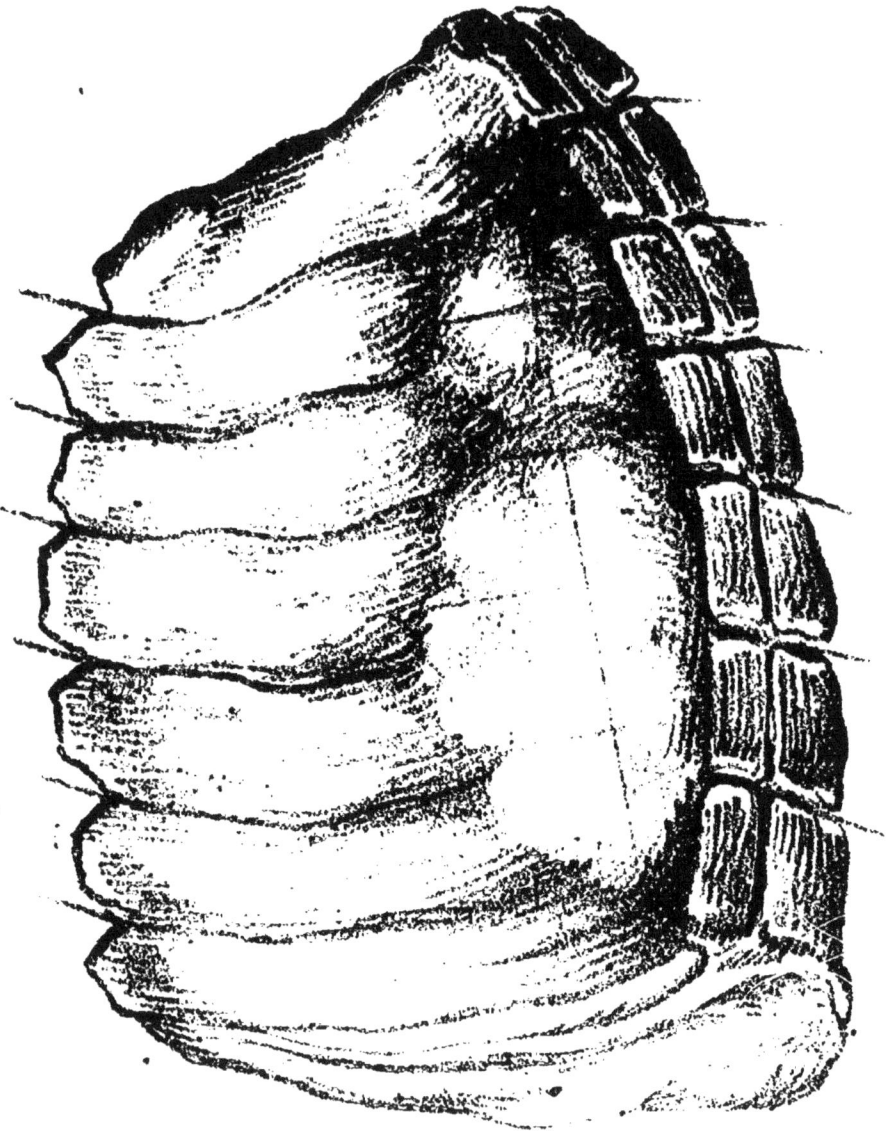

procède de même pour la partie charnue qui
est en dehors et que l'on a coutume d'appeler *morceau des clercs* ; il est plus ferme que
le filet, mais il a meilleur goût, et lorsque
l'aloyau est tendre et bien mortifié, les
amateurs lui donnent la préférence.

Du Veau (1).

Il occupe un rang très-distingué dans
l'empire de la cuisine; soit par ses divers emplois, soit par sa noblesse. Je dirai plus bas
un mot de sa tête, qui l'a fait perdre plus
d'une fois à nos habiles cuisiniers par les
profondes combinaisons qu'elle a fait en-
fanter à elle seule.

Du Carré de Veau.

Il y a deux manières de découper un *carré
de veau* (2). La première, c'est de couper

(1) Il est à proprement parler le neveu du bœuf.

(2) Il faut avoir soin de faire donner, à la boucherie, des coups de couperet à chaque jointure,
pour en faciliter la division lorsqu'on vient à le découper et à le servir.

les côtelettes séparément, dans le sens per-
pendiculaire, et de façon que chacune re-
tienne la portion du filet, et même du rognon qui s'y trouve adhérente; cette méthode est celle d'avant la révolution, aussi
n'est-elle guère en usage.

La seconde (c'est la plus élégante) consiste à lever d'abord le filet, que l'on coupe
en morceaux de diverses grosseurs, ainsi
que le rognon; ensuite on divise les côtes
sur lesquelles il reste encore assez de chair
et de peau rissolée, pour qu'elles soient de
préférence offertes aux dames dont le faible
appétit s'accommode mieux du plaisir de sucer et de ronger, à table, que de celui d'en-
gloutir de gros morceaux.

De la Tête de Veau.

C'est un *relevé* (1) des plus distingués
même dans les dîners ministériels. On la
préfère au naturel, c'est-à-dire bouillie,

(1) On appelle *relevé* tout ce qui succède immé-
diatement aux *potages* ou au *bœuf* (*bouilli*).

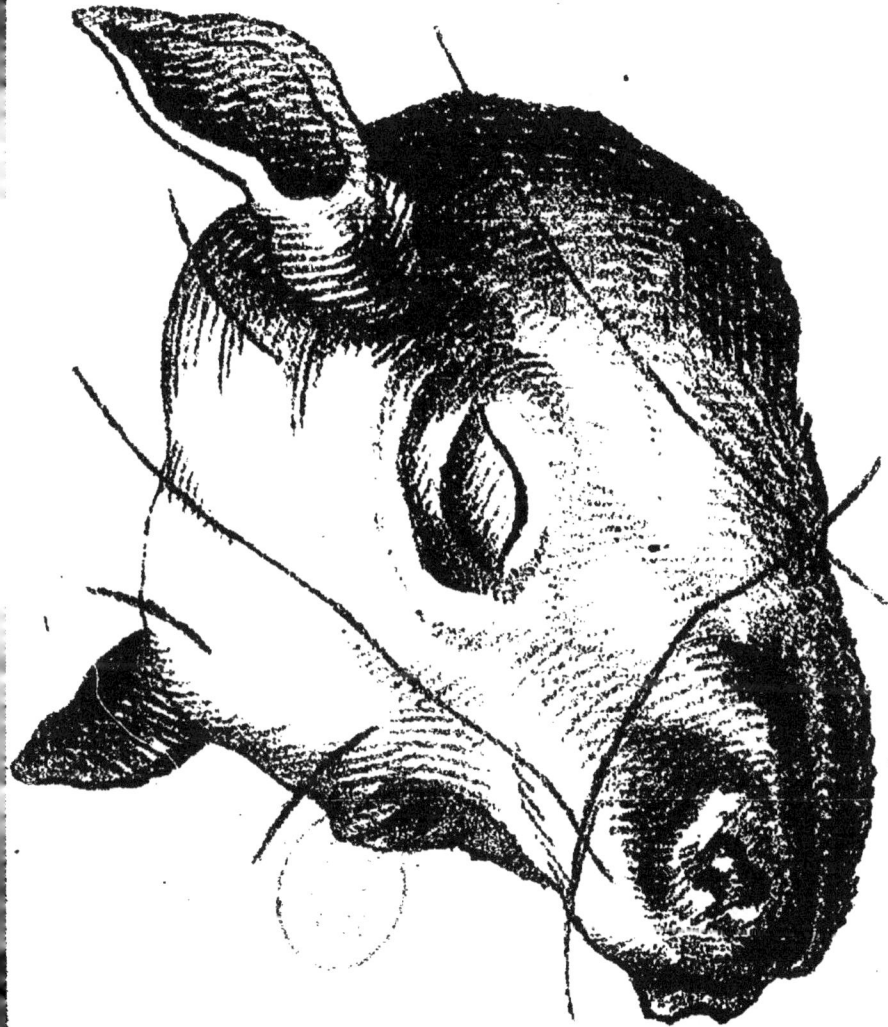

fig. D.

et on la mange alors avec une sauce piquante servie à part, si on ne la préfère
simplement au vinaigre.

Les morceaux les plus distingués sont
1°. les yeux, 2°. les oreilles, 3°. les bajoues,
4°. les tempes et enfin la langue (1). Il faut
avoir soin de joindre à chacun des morceaux
que je viens d'indiquer une portion de la
cervelle que l'on puise dans le crâne après
l'avoir écarté suffisamment si déjà la partie
supérieure n'a pas été enlevée avant que
d'avoir été servie sur table.

On ne doit jamais porter le couteau dans
une tête de veau, mais bien la truelle et la
cuillère. On fend proprement les bajoues,
les tempes, et l'on détache les yeux ainsi
que les oreilles; le tout avec une grande
promptitude, car ce mets veut être mangé
très-chaud.

---

(1) Après l'avoir détachée, on la met ordinairement sur le gril, on la pane et on la sert avec
une sauce appropriée, telle que *tomate* ou sauce
Robert.

Du Mouton (1).

C'est un animal précieux pour la cuisine comme pour les lumières, car il figure sous une variété de formes innombrables dans le siècle où nous sommes. Je vais en parler sous le rapport de l'art culinaire, en le laissant de côté sous le rapport du luminaire.

Du Gigot.

En fait de rôti-de mouton, c'est lui qui doit avoir la préférence. Il est d'autant plus essentiel de le bien couper, que de cette dissection dépend souvent sa tendreté. On connaît deux manières de procéder à cette importante opération :

(1) Il faut que les moutons soient comme les hommes, qu'ils aient beaucoup dégénéré ; puisque, si nous devons en croire Pline le naturaliste, il a vu des moutons qui pesaient jusqu'à six cents livres. Le plus gros bœuf de Poissy ne serait guère plus gros qu'un mouton de cette espèce. Voilà sans doute la cause pour laquelle un certain *pied de mouton*, que j'ai vu autrefois et qui a fait fureur, était si lourd.

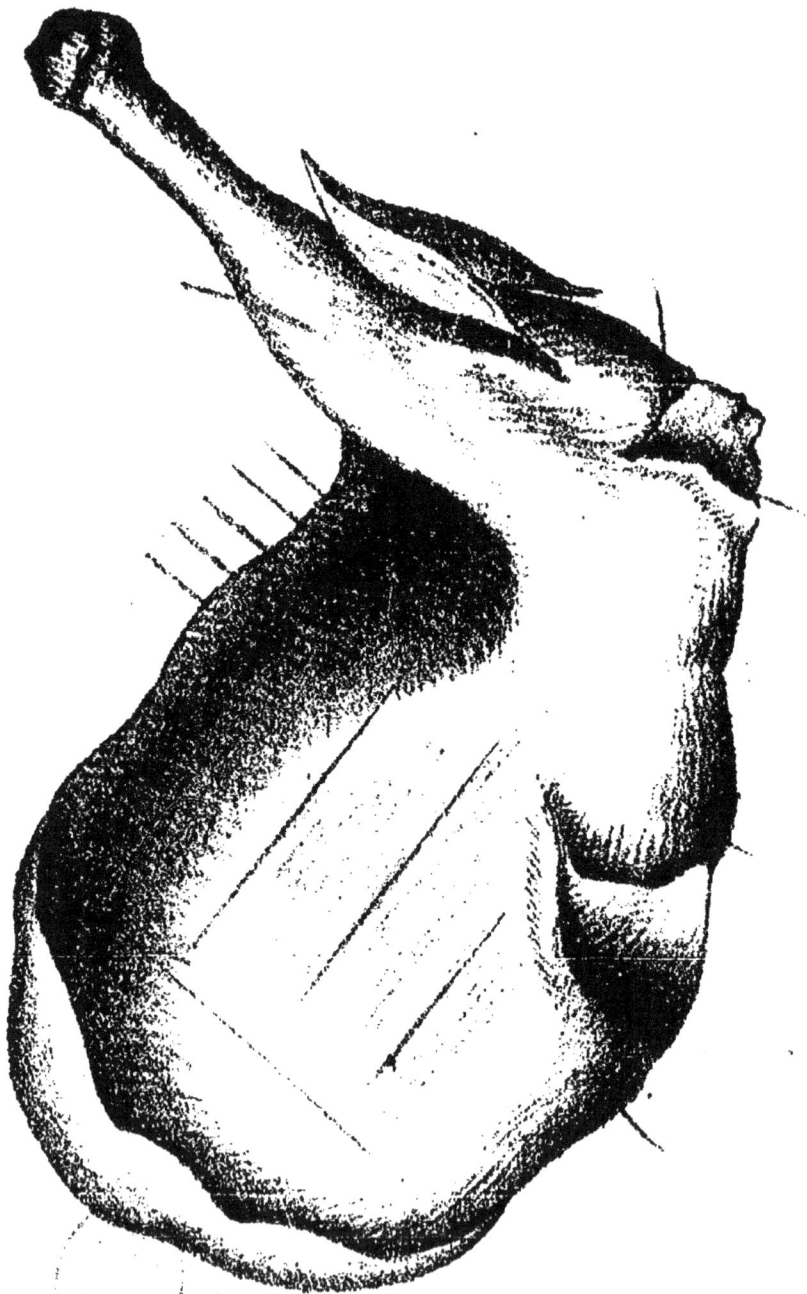

fig: E.

La première et la plus usitée, c'est, tenant le manche dé la main gauche, de couper perpendiculairement les tranches depuis la jointure jusqu'à l'os du filet; ensuite la *souris;* puis, retournant le gigot, on détache les parties de derrière.

Lorsque la pièce est tendre, cette manière est sans contredit la meilleure, parce qu'elle conserve à la chair tout son jus et toute sa succulence.

Mais comme, après des parens charitables, un père tolérant, un ami véritable, une maîtresse désintéressée, une épouse fidèle, des enfans soumis, un protecteur sans ambition, rien n'est plus rare, dans la capitale, qu'un gigot tendre, je vais indiquer une méthode de le couper, d'après laquelle, s'il est dur, c'est que la bête aura été très-mal élevée, ou qu'elle avait chez elle un vice de conformation. M. *** passe pour en être l'inventeur.

Cette seconde manière de couper le gigot consiste, en tenant toujours ledit manche

de la main gauche, à le couper horisontalement, et à peu près comme on rabotte une
planche. (On observera que les tranches ne
doivent être, tout au plus, que Je l'épais-
seur de la langue d'un chat.)

On concevra aisément, qu'à moins d'être
dure comme une bûche, cette pièce ainsi
coupée ne pourra manquer d'être tendre.
On en sera quitte pour manger une demi-
douzaine de tranches au lieu d'une, et pour
poignarder le gigot d'outre en outre, afin
de lui faire verser son jus; puis on répandra ce jus sur les tranches, avec celui d'un
citron, rehaussé de sel et de muscade, ce
qui formera un assaisonnement aussi distingué qu'agréable.

De l'Épaule de Mouton.

Ce que je viens de dire du gigot peut s'ap-
pliquer à l'épaule, que l'on coupe également soit par tranches, soit horisontalement: La chair la plus voisine des os est la
plus tendre, ainsi que celle de l'omoplate.

La partie extérieure, ou le dos de l'épaule,
a plus de goût et est plus grasse que le
dedans.

———

HUITIÈME LEÇON.

DES VIANDES BLANCHES, DU COCHON, ET DE LA VENAISON.

On appelle viandes blanches (1) toutes celles qui ne sont point *faites*. Ainsi, si le veau est une viande blanche, à plus forte raison l'agneau et le chevreau.

Ces deux quadrupèdes, quoique d'espèce différente, se ressemblent tout à fait, quant à la manière de les disséquer ; l'un ou l'autre se servent le plus habituellement rôtis. On

(1) En parlant des viandes blanches, je dois dire quelque chose du mets que l'on est convenu d'appeler *blanc-manger*. Ce plat tire son origine des états de Languedoc, et ne se compose que de viandes blanches, telles que veau, volaille, etc. Il n'est pas facile à faire, en ce que trop liquide ou trop ferme il est également manqué. En cuisine, le juste milieu est tout aussi difficile à trouver que dans la plupart des choses de ce bas monde, que je ne nomme pas.

ajoute une sauce piquante si l'on veut, mais alors on la sert toujours à part.

Après avoir coupé la bête en deux parties égales, et en longueur (car elle se sert presque tout entière), on divise chaque quartier soit en cotelettes, soit en doubles cotelettes ; on sépare les deux cuisses, et l'on coupe les gigots par tranches. Les morceaux les plus délicats de l'agneau sont les cotelettes, dont chacune retient une portion de filet ; les meilleurs du chevreau sont les tranches du gigot.

Du Cochon.

La seule différence qui existe entre le cochon et le sanglier, consiste en ce que le premier est civilisé, et que le second ne l'est pas.

Dans son âge mûr, le cochon ne fournit guère de rôti sur une table distinguée, si ce n'est le gigot, que l'on est convenu d'appeler .....

Du Jambon (1).

Vous pourrez voir à la *planche* qui le repré-
sente la manière dont il doit être coupé. Il
est essentiel pour cela d'avoir un couteau
dont la lame soit très-mince ; les tranches
en auront plus de grâce, et même elles pa-
raîtront meilleures.

Un jambon de sanglier, à la broche, n'est
pas non plus à dédaigner ; mais la mode
exige maintenant, relativement à cet animal, qu'on ne fasse usage que......

De la Hure (2).

On la sert désossée, comme un jambon,
on la coupe de part en part, au-dessus des
défenses, ainsi que je l'indique à la *planche.*

(1) Ceux de Bayonne et de Mayence sont renom
més à juste titre.

(2) Celles de Troyes (en Champagne) sont déli
cieuses. Je doute fort que celle de Troie, que fi
manger Agamemnon à Achille, le jour qu'il immol
Hector, valût une seule de celles que prépare si bie
M. Legrand, qui passe cependant pour être tau
soit peu Grec. Troyes est une ville, en France, sar
pareille pour tout ce qui est cochon.

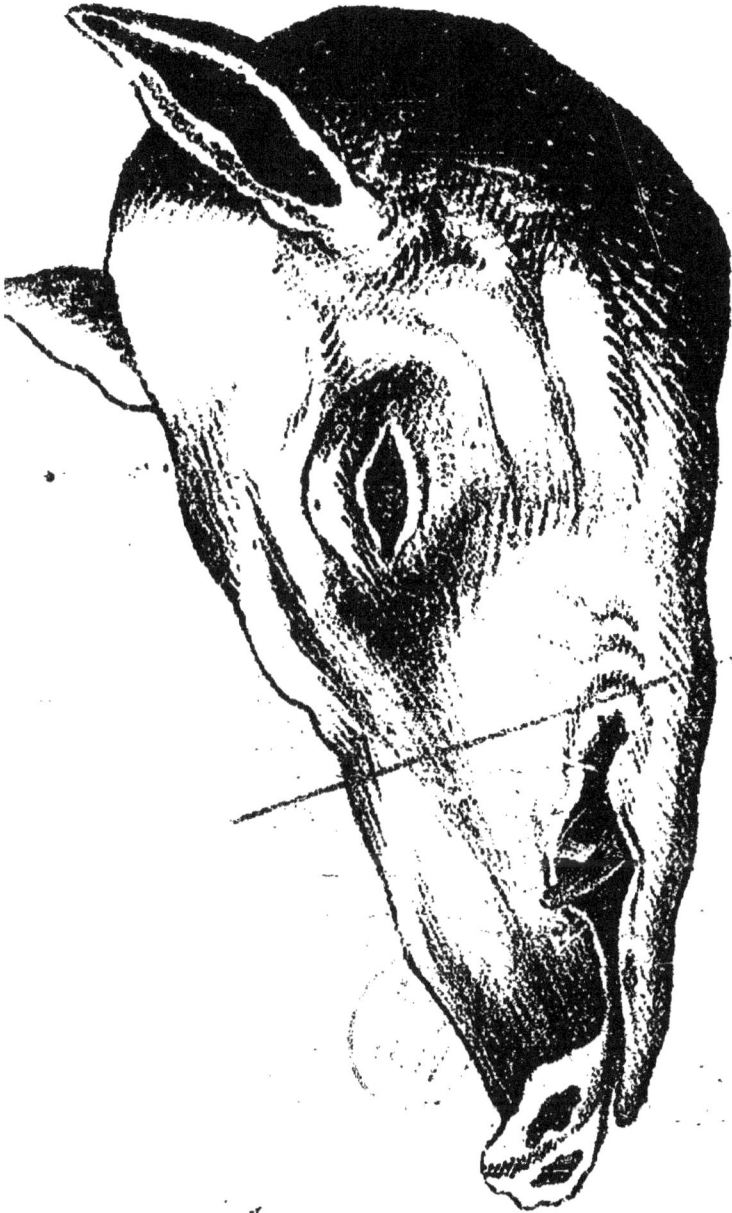

fig: G

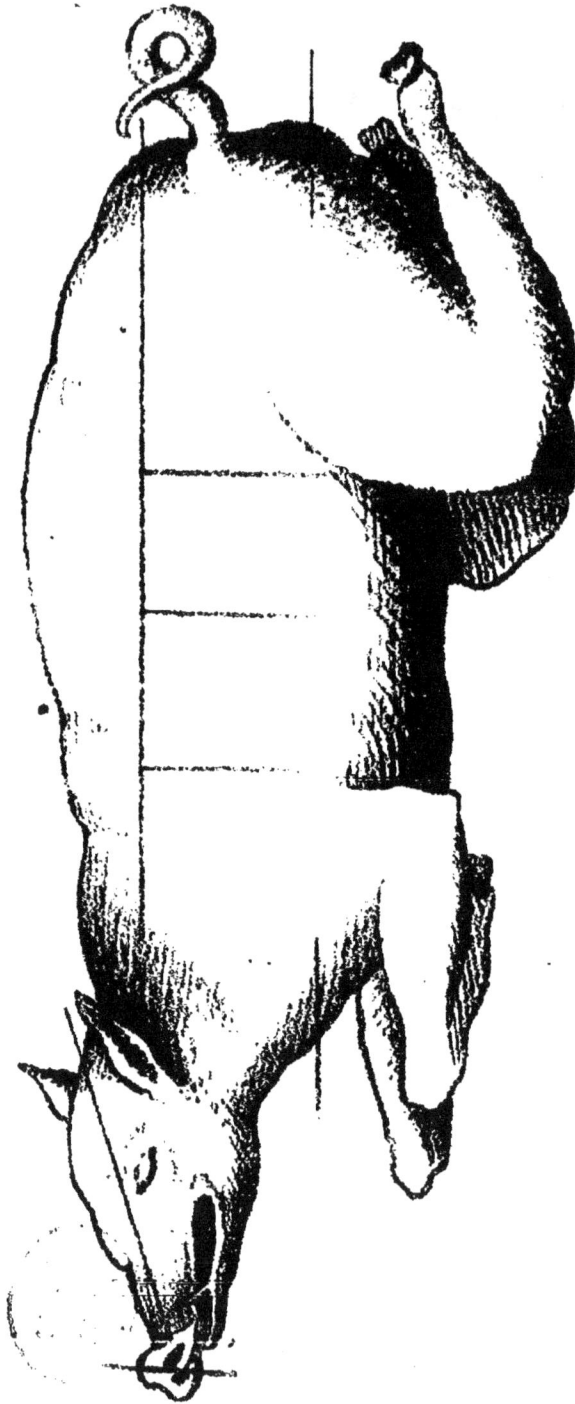

fig. F

On en sert ensuite une tranche à chacun des convives.

Si le porc et le sanglier sont à peu près nuls en rôtis, il n'en est pas ainsi de l'héritier présomptif de son nom ; je veux parler.....

Du Cochon de lait.

Rien qu'à sa vue, tous les fins gourmets se pâment d'aise. C'est alors que l'Amphytrion doit s'armer de courage et d'un bon couteau, pour d'un seul coup lui trancher la tête le plus vite possible, et, pour ainsi dire, sans lui donner le temps de se reconnaître. C'est le seul moyen de manger sa peau croquante, autrement elle se ramollirait.

Cette précaution est d'autant plus nécessaire que la peau rissolée et ferme du cochon de lait est la partie la plus délicate et la plus distinguée.

Ensuite on divise cette peau par carrés, et l'on a soin qu'un peu de chair lui reste adhérente. On enlève de même celle du

dos et celle des cuisses. Lorsqu'il est ainsi
dépouillé, on a fait disparaître le meilleur
de la bête, car la chair qui lui reste est fade
et de digestion difficile.

Quant à la tête, elle trouve quelquefois
des amateurs. Le bas-ventre du cochon de
lait s'offre toujours aux dames. Ainsi se ter-
mine tout ce qui a rapport à la cochonnerie.

De la Poule d'eau dite Morelle.

C'est un rôti assez insignifiant. Peut-être
est-ce à cause de la grande abondance de
cet oiseau ou plutôt de sa chair qui est
lourde et de difficile digestion. Quoi qu'il en
soit, une poule d'eau doit toujours être es-
cortée d'un autre genre de rôti.

La dissection de la poule d'eau exige encore des soins particuliers, et offre beaucoup plus de difficultés que celle du canard,
de l'oie ou d'autres viandes noires. Comme
les ailes de cet oiseau sont très-enfoncées
dans la chair, il est singulièrement difficile
d'en trouver les jointures. Pour y parvenir,
après avoir enlevé la cuisse, comme celle

d'une volaille ordinaire, il faut faire glisser le couteau sur le milieu de l'aile, et jusqu'au haut en suivant l'estomac. L'aile alors se détache sans difficulté, parce qu'on la prend en dedans. Sans ces précautions, vous risqueriez fort de n'en pouvoir venir à bout, et de massacrer la morelle au lieu de la découper.

Du Canard.

Il y en a de deux espèces, de *domestiques* et de *sauvages*. Les préjugés semblent vouloir les écarter des honneurs de la broche, pour les reléguer au fond d'une obscure casserole, n'ayant, pour toute compagnie, que quelques navets blêmes ou coriaces; mais c'est une injustice révoltante. Il y a tel canard qui figurerait aussi bien qu'une oie à une table recherchée; j'en ai vu figurer sans en paraître plus fiers pour cela; mais je dois vite ajouter qu'ils étaient aux olives.

Lorsque le canard est *entrée*, c'est la cuillère que l'on emploie à cet égard, parce qu'il doit être assez cuit. S'il est *rôti*, on le découpe comme l'oie. (*Voyez l'article ci-dessous.*)

De l'Oie (1).

L'oie est un manger réputé *roturier;* en cela, il est l'opposé du faisan que j'appelle, dans ma X^e leçon qui en traite inclusivement, un illustre rôti.

C'est encore un préjugé que celui qui, comme les canards, les éloigne d'un repas d'étiquette ; mais les vrais gourmands ne partagent pas cette opinion, et, bien grasse, bien tendre et servie sur le dos, ils

(1) On ne saurait trop faire l'éloge des oies dans le siècle où nous sommes, si Frédéric Nausea, évêque de Vienne, n'avait dit, dans un panégyrique de saint Martin, que ce bienheureux saint en avait toutes les vertus. Il n'y a pas un marmiton qui ne sache que les oies sauvèrent le Capitole ; mais ce qu'ils ne savent pas tous, et avec eux peut-être bien quelques doctes professeurs, c'est que cet intéressant volatile est susceptible d'éducation. Le chimiste Lemery a vu une oie qui tournait la broche pour un dindon, en attendant qu'on la tournât pour elle. O destinée !..

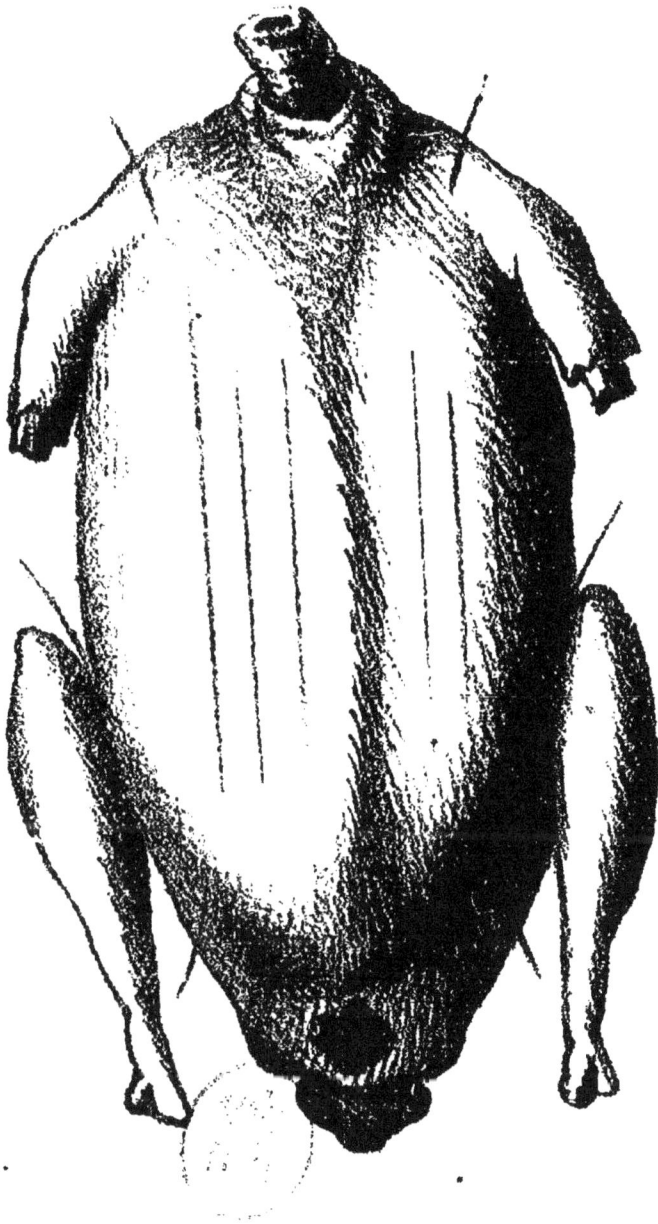

fig: H.

la coupent en filets formés de la chair des ailes et de l'estomac, jusques vers le croupion. Ils lèvent ainsi huit filets. Avec un peu d'adresse et un couteau bien aiguisé, on peut en lever davantage ; ceux des cuisses étant moins tendres sont les moins préférables.

On rassemble tous ces filets dans le plat, après avoir fait disparaître le squelette de la bête ; on ajoute, au jus qu'elle a rendu en la disséquant, celui d'un citron, une cuillerée d'huile d'olive ou un peu de beurre d'anchois, moutarde, si l'on veut, (à la ravigotte ou aux fines herbes) poivre, sel, muscade comme digestif, et l'on fait circuler le plat.

Lorsque l'oie est jeune et qu'elle est délicate, cela forme un manger délicieux et très-supérieur, selon moi, à la plupart des rôtis à la mode.

Malgré tout ce que je pourrais dire, une oie serait-elle aussi grasse que le chanoine dont parle Boileau dans son Lutrin, pèserait-elle autant qu'une des plus spirituelles actrices du théâtre français, fût-elle aussi tendre que Zaïre, la vanité s'obstine à la repousser. Il semble que les oies soient des *Parias* dans une noble basse-cour.

Un Amphytrion généreux ne peut que gémir en secret d'une telle prévention, et faire tout bas des vœux pour que les préjugés et la faveur ne puissent étendre leur influence jusque sur la cuisine; n'avons-nous pas une académie française?

NEUVIÈME LEÇON.

DE LA VOLAILLE.

———

TOUTES les espèces de volailles forment des entrées et des entremets plus succulens les uns que les autres. Le *palais* comme la chaumière s'accommodent également de cet aliment savoureux et nourrissant tout à la fois, sans que jamais l'estomac ait à s'en plaindre ; en un mot, ce mets convient aux malades gourmands comme au glouton qui se porte bien.

De la Poule bouillie et du Chapon au gros sel (1).

Ce sont deux mets délicieux lorsque les sujets sont jeunes et bien cuits.

(1) La poule est originaire des côtes du Malabar : c'est une Indienne. Quant aux chapons, on sait ce qui leur manque pour qu'ils ne soient point coqs.

La manière de découper ou plutôt de servir une poule bouillie est infiniment simple; mais il faut un couteau supérieurement affilé pour en opérer la dissection.

D'abord la pièce doit être placée sur le dos, de manière à ce qu'elle présente la poitrine à découvert, au lieu que les volailles rôties sont placées sur le ventre. On la sert sans tête, pour que les ailes soient mieux à découvert; puis, plaçant la fourchette que l'on tient de la main gauche, sur la cuisse gauche de l'animal, on lèvera cette cuisse avec précaution, en évitant très-soigneusement de déchirer la peau. On coupera l'aile, puis on procèdera de même de l'autre côté. On séparera ensuite le croupion, on lèvera les blancs et on rompra la carcasse. Enfin, après avoir divisé toutes

Ce sont les Romains qui, les premiers, en eurent l'idée. Du reste, en Italie, ce n'était pas seulement sur les jeunes coqs que s'étendait cette opération ; et tel individu ne vous a charmé à Naples (si vous y êtes allé), par les accens de sa voix, que parce qu'il avait été *chaponné* étant jeune.

les parties, on fera passer le plat aux convives.

Tout ce que je viens de dire là, doit être exécuté le plus promptement possible ; car une des grandes qualités de la poule bouillie ou d'un chapon au gros sel, est d'être mangé chaud. Le morceau le plus délicat est l'os de la cuisse. On ne doit jamais offrir le pilon, à moins qu'on ne le demande.

Du Coq d'Inde (1).

C'est le plus gros rôti que l'on puisse servir sur une table. Il est peut-être moins distingué que la dinde ou le dindon, mais il n'en est pas moins succulent.

Il se dissèque absolument comme le dinde. (*Voyez* l'article suivant.)

De la Dinde rôtie.

Depuis que le luxe a fait tant de progrès

(1) Le premier coq d'Inde qui ait paru en France y fit son entrée en 1570, et fut servi aux noces de Charles IX. Du reste, il a la même origine que la dinde et le dindon.

parmi nous, on voit des dindes partout, sur
les tables les plus distinguées, comme sur
celles qui sont les plus bourgeoises. C'est,
du reste, un manger excellent et à la portée de toutes les bourses, puisqu'à proportion, une dinde, pesant dix livres, est d'un
tiers meilleur marché qu'un morceau de
viande de boucherie d'un moindre poids.

Il y a trois manières de découper une
dinde rôtie.

La première et la plus ancienne, consiste
à lever séparément les cuisses et les ailes.
Après avoir mis à part les premières, on
coupe les secondes en trois portions chacune, si la dinde n'est pas trop forte; ensuite
on lève les sot-l'y-laisse et les blancs; puis
on brise l'estomac, la carcasse et le croupion, que l'on coupe en trois morceaux dans
toute sa longueur. Ces dernières parties
sont les plus délicates, quoique les moins
nutritives; ce sont celles auxquelles les dames donneront presque toujours la préférence : il est, par conséquent, de la politesse de commencer par les leur offrir.

La seconde manière de la disséquer, consiste à lever d'abord les ailes, ensuite on brise le corps au-dessus du croupion, qui reste adhérent aux cuisses, et forme avec elles une espèce de bonnet d'évêque. Comme l'on met ordinairement ce *train de derrière* à part, et qu'on ne touche qu'à celui de devant, on sent que si cette méthode n'est pas la meilleure, elle est au moins la plus économique.

La troisième manière, qui s'est introduite depuis peu, et qui est pratiquée dans beaucoup de maisons qui se piquent aujourd'hui de donner le ton, consiste à ne lever aucun des membres, mais à couper les ailes en filets, comme aux canards, avec cette différence que ces filets sont coupés sur la largeur et non sur la longueur des ailes ; en sorte que ce sont plutôt des morceaux carrés que de véritables filets. On procède ensuite de même, et en descendant, sur toutes les parties charnues de la bête.

Cette méthode est sans contredit la moins pénible pour le découpeur ; mais elle a l'inconvénient de dissiper le jus de la dinde, de laisser autour de sa carcasse les morceaux les plus délicats, et de priver les dames de ce qu'elles aiment le mieux, le plaisir de ronger et de sucer, qui est pour elles le premier des plaisirs de la table, parce qu'alors elles mangent peu, tout en paraissant occupées, et qu'elles développent toutes les grâces de leurs mains, en faisant prendre successivement à leurs doigts délicats toutes les positions.

Du Dindonneau.

La seule différence qui existe entre un dindon et un dindonneau, c'est que ce dernier n'est pas *majeur*.

Du reste, il se découpe de la même manière que la dinde, avec cette différence que les cuisses ne s'offrent jamais entières : on les divise en deux. Les pilons doivent être laissés au petit chien de la maison, car autant vaudrait-il mordre dans une pelotte de ficelle, que de chercher à ronger un pilon

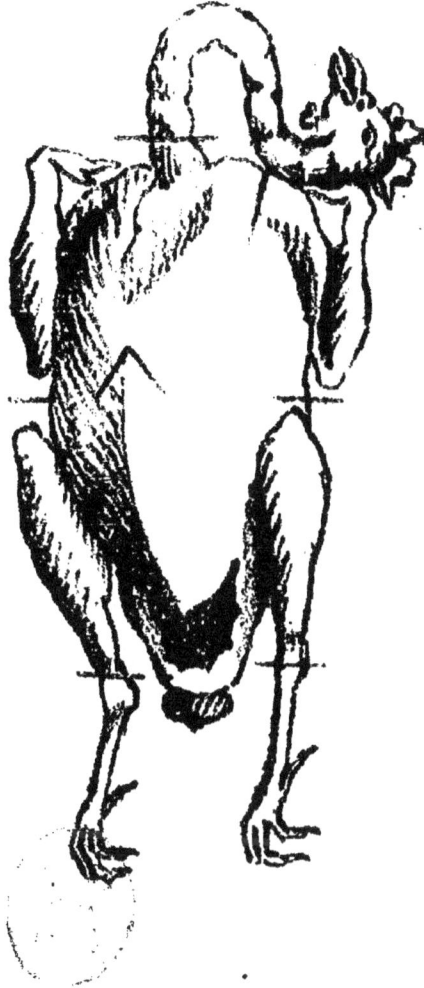

fig: K.

de dindonneau, surtout si ce dernier n'est pas tendre.

De la Poularde et du Chapon.

C'est le frère et la sœur, aussi la manière de découper l'un ou l'autre est-elle à peu près semblable. Il suffit de lever successivement les cuisses et les ailes, les sot-l'y-laisse et les blancs; de briser le croupion, et de partager horisontalement la carcasse.

On y procède avec le plus de dextérité possible ; on divise chaque cuisse et chaque aile en deux parties ; on laisse les blancs entiers; on tâche de faire six morceaux bien distincts de la carcasse avec le croupion. Puis après avoir, le plus promptement que faire se peut, rangé tous ces morceaux dans un ordre symétrique, et de manière à ce qu'aucun ne cache l'autre, on fait passer le plat, et les convives se servent à leur goût.

Du Poulet (1).

Sur la scène de la cuisine, le poulet joue

(1) Le poulet est de toutes les volailles celui qui a

**

les rôles de *grandes utilités* ; il n'est pas de repas, dans le courant de l'année, où il ne vienne au secours d'un maître d'hôtel qui a épuisé son répertoire. Il paraît à tous les services et sous tous les costumes possibles ; en un mot, le poulet est à la cuisine ce qu'un confesseur est à une dévote.

Le poulet se découpe comme le chapon et la poularde, c'est-à-dire qu'après avoir levé successivement les cuisses et les ailes, on divise en deux la carcasse et le croupion ; parties que les dames préfèrent ordinairement à l'aile, qui cependant est le morceau de distinction d'un poulet rôti ; on pourra leur donner le choix.

l'estomac le plus robuste : il semble l'avoir doublé de fer-blanc, puisqu'il peut réduire même une boule de verre. Les balles de plomb sont pour lui ce que des petits pois seraient pour nous, et lorsqu'il met le bec sur une petite noisette, il dédaigne même de la casser avant de l'avaler.

De la Dinde aux truffes (1).

Une dinde aux truffes!.... C'est aux Jé-
suites *anciens* que nous devons la naturali-
sation de cet intéressant animal, mais sans
être truffé.

Qu'est-ce qu'une dinde parmi nous, si
elle est privée de cet honorable accompa-
gnement?.... On ne parle d'elle qu'avec
mépris, nos dédaigneux *fashionables* ne la

(1) L'origine de la truffe est encore mystérieuse;
elle n'est pas plus connue que les sources du Nil. Ce
légume (car c'est le seul nom que je puisse lui donner en la classant dans l'ordre des végétaux) n'a
cependant ni racine, ni feuilles, ni semences. Fille
naturelle de la terre, la truffe a, dans son histoire,
dans sa nature, dans ses rapports, dans sa célé-
brité, de quoi composer une méditation, deux mes-
séniennes et trois poëmes épiques.

C'est une petite brune piquante, de formes assez
rondelettes, quoiqu'ayant les appas protubérans assez
inégaux; sa peau est sans poil, sa chair est sans os;
mais ainsi que le porc, son plus fidèle adorateur,
tout en est bon. Son caractère varie selon le pays
qui la voit naître : aussi est-elle très-capricieuse
dans ses goûts, quoiqu'il y ait des gens qui se dé-
shonoreraient presque pour la posséder. Les tor-

désignent alors que sous le nom général et vulgaire de *volaille !*.... Mais le vrai gourmet sait s'élever au-dessus des préjugés de la noblesse, il ne prise les bêtes et les choses que d'après leurs véritables valeurs ; tendre et délicate, une dinde sans truffes lui paraîtra préférable à une dinde truffée qui sera sèche et coriace, malgré cette espèce

rens de délices qui s'émanent de son cœur ne sont pas le seul bienfait qu'elle répande sur l'homme assez heureux pour la subjuguer. Elle a ce double talent d'aiguillonner mystérieusement l'amant qui a goûté ses faveurs, et de faire renaître chez lui toujours de nouveaux désirs en *son intention.* Enfin, la truffe avait acquis dernièrement dans l'état une telle considération, qu'il n'était plus permis d'espérer un emploi, d'atteindre à une dignité quelconque, sans préalablement *avoir fait sa connaissance.*

Ce sont les cochons qui trouvent la truffe, en fouillant la terre ; ils annoncent leur bonne fortune par des cris de joie ; mais l'homme, toujours ingrat envers les animaux qui le servent, comme envers ceux de ses semblables qui l'obligent, accourt, frappe sans pitié sur le grouin décélateur, s'empare de la truffe, la met dans son bissac, et prescrit à son esclave de nouveaux désirs, de nouvelles fati-

de richesse qu'elle a en porte-feuille. De
même une grisette jeune et bien faite paraîtra, quoique dans ses simples atours,
être bien préférable à l'œil du *connaisseur*,
qu'une duchesse vieille et bossue, pliant
sous le poids de ses diamans, aurait-elle
un équipage et un château. Je reviens à la
dinde aux truffes.

gues et un nouveau désappointement ; de sorte que
le pieux compagnon de saint Antoine, condamné
au supplice de Tantale, souffre en comparaison des
peines qu'il se donne.

Les pays chauds, les lieux secs, arides et sablon-
neux, tels que ceux du Périgord, du Quercy, du
Limousin, de la Gascogne et particulièrement de
l'Italie ; sont les endroits où l'on trouve la truffe.
Celles des environs de Périgueux ont toujours ob-
tenu la préférence.

Tout ce que je viens de dire là a pour but de bien
convaincre le lecteur que la meilleure manière de
manger la volaille la plus succulente et même le fin
gibier, est de les manger truffés. C'est un mets de
roi, comme le plat favori des belles. La truffe peut
bien leur être dédiée, puisqu'une pomme, tant célébrée par les poètes de l'antiquité, fut le prix
accordé à la beauté.

Elle se découpe absolument comme une dinde ordinaire, les truffes se servent toujours entières, et avec une cuillère, ainsi que l'espèce de purée truffée qu'elle a dans l'estomac; la partie la plus délicate à offrir est le croupion, parce qu'il est en même temps la partie la plus parfumée. (*Voyez la figure.*)

Quel est l'homme de goût, avec ou sans argent, qui ne se soit point arrêté en contemplation devant ces dindes magnifiques, si élégamment ficelées, truffées et bardées de lard qui décorent les *montres* des salons culinaires des Chevet, des Corcelet, etc., etc. Leur chair blanche et appétissante semble exciter la convoitise des passans les plus innocens. Quel est celui d'entre vous, dis-je, qui n'a pas alors senti naître en lui ce désir inexprimable d'oublier ses sermens (y compris celui d'abstinence), pour s'extasier devant une de ces dindes à la broche, se dorant petit à petit pour décorer le repas du soir!... Ah Dieu! rien que d'y penser!...

DIXIÈME LEÇON.

DU GIBIER.

———

J'ai réuni dans une même leçon toutes les espèces de gibier; bien que la dissection de chaque pièce en particulier ne soit pas la même pour toutes, il existe cependant très-peu de différence entre découper un perdreau et découper une perdrix; mais il en existe une bien grande, entre le lièvre et le faisan, bien qu'ils soient tous deux du gibier dans toute l'acception du mot.

Je ne parlerai que des pièces qui se servent le plus ordinairement sur nos tables, parce que parler de tous les animaux que l'on comprend dans cette catégorie, et qui se mangent, serait au moins aussi long qu'inutile.

Du Lièvre (1).

Lorsqu'il est à la broche, il doit toujours être accompagné d'une sauce piquante, et se sert piqué ou bardé, l'un et l'autre quelquefois. La partie la plus délicate est le rable, que l'on coupe depuis l'épaule jusqu'à la naissance de la cuisse; ensuite l'os du rable, que les dames préfèrent en général. La partie supérieure et charnue des cuisses, que l'on coupe en forme d'entonnoir, n'est pas à dédaigner, et peut être offerte aux dames. La cervelle du lièvre étant fort délicate, on fend la tête en deux, et on leur en sert une moitié.

De la Bécasse et de la Bécassine.

La bécasse est le premier de tous les oi-

(1) Les Romains croyaient que l'usage du lièvre dans les repas était propre à embellir le visage. D'après ce préjugé, les dames romaines concluaient qu'il fallait mieux mettre les lièvres au premier rang parmi leurs cosmétiques, que de les mettre à la broche.

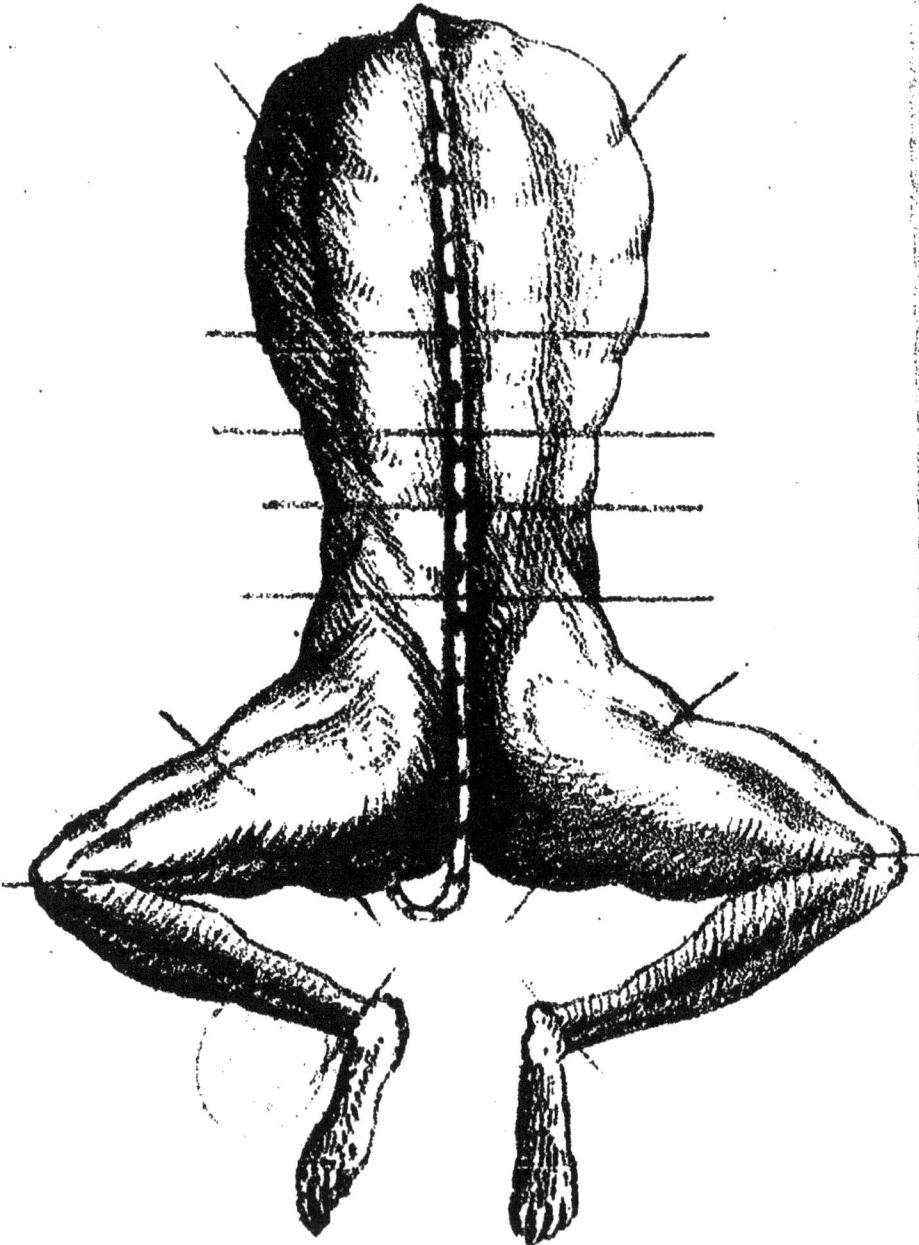

seaux comme gibier, aussi est-ce un des rôtis les plus honorables. Quant à la bécassine c'est la reine des marais, et c'est pour cela qu'on lui fait plutôt l'honneur d'être mise à la broche qu'en salmis, quoique d'un côté comme de l'autre elle ne perd ni ne gagne au change. Du reste, la bécasse ou la bécassine se découpent comme les volailles ordinaires, c'est-à-dire qu'on enlève les ailes, les cuisses, et qu'on sépare ensuite le croupion de la carcasse. L'aile est le morceau le plus délicat et le plus recherché, mais la cuisse a plus de fumet.

La bécassine, quoiqu'un oiseau du même genre que la bécasse, est cependant un peu plus petit, puisqu'il n'est guère plus gros qu'une caille. Si on ne le découpe pas comme la bécasse, on le sert entier, ou alors on le coupe longitudinalement en deux parties égales.

La purée de bécasses étalée sur une croute de pain rôtie est selon l'opinion des gourmens le *nec plus ultrà* des jouissances terrestres.

Du Perdreau.

Après la bécasse, la perdrix, c'est à dire le perdreau, tient le premier rang parmi le gibier emplumé. Le perdreau rouge surtout est un de ces rôtis qui stimulent le palais et raniment l'appétit.

Rien n'est plus facile à découper qu'un perdreau rôti. Dans cette dissection vous pourrez à peu de frais faire briller votre adresse et même opérer *en l'air* sans aucune crainte, à moins que le petit animal ne soit par trop dur, ce qui est excessivement rare dans cette espèce de gibier.

Il est presqu'inutile que j'ajoute que le perdreau se coupe comme la plupart des petites volailles. On enlève d'abord la cuisse et l'aile droite, ensuite la cuisse et l'aile gauche, puis l'on coupe longitudinalement le corps en deux.

Les dames préfèrent ordinairement la carcasse à cause des blancs et des sot-l'y-laisse, mais il est d'usage de leur offrir l'aile.

fig.L.

De la Caille (1).

C'est un oiseau extrêmement recherché à cause de sa délicatesse et même à cause de sa rareté, car ce n'est qu'un oiseau de passage ; mais comme on prend les cailles presque toujours en vie, on les met dans une volière où on les engrai se, et de cette manière on en a toute l'année.

(1) De tous les oiseaux c'est peut-être le plus brave et le plus belliqueux. Les anciens les nourrissaient, non pour les manger en petit comité, mais pour les faire lutter publiquement. Auguste s'amusait beaucoup de ce genre de spectacle. Étant à Alexandrie, il apprit qu'une caille avait toujours été victorieuse dans plus de dix combats contre une ou plusieurs cailles. Il voulut l'acheter, mais on lui dit que son premier maître-d'hôtel Eros lui avait tordu le cou, sans égard pour ses triomphes. Auguste, furieux, fit arrêter sur-le-champ ce chef de cuisine et le fit pendre, pour lui apprendre, dit-il, à mieux estimer la valeur une autre fois.

Si un pareil acte de tyrannie n'était assuré (PLIN., lib. II, cap. 51), je ne le croirais pas. Au reste, dans plus d'une circonstance pareille, Auguste infligea aux coupables la peine du talion.

L'on sert ordinairement une caille entière
à chaque convive ; cependant si elles étaient
très-fortes il serait permis de les diviser,
mais ce serait en deux parties égales et de
toute leur longueur comme les pigeons.

(*Voyez* cet article.)

De la Grive.

Du temps d'Agrippine on leur apprenait
à parler, et Homère fit un poëme sur elles ;
mais quoiqu'elles jouent un rôle distingué
dans l'antiquité, elles n'en jouent pas un
moins distingué dans la cuisine moderne.

On les sert comme les cailles, c'est-à-dire
entières. Il faut pour cet effet en propor-
tionner le nombre à celui des convives.

De l'Ortolan.

C'est un mets par excellence. On les envoie
à Paris tout plumés et renfermés dans de
petites boîtes de sapin remplies de farine.
Les Romains les expédiaient ainsi pour en
faire présent aux grands de l'état ; ce qui

prouve que de tout temps les ortolans ont été un mets d'*excellence*.

Cet oiseau mignon étant trop petit et trop délicat pour être découpé, se sert tout entier ; sa graisse le rend très-indigeste.

La meilleure manière de faire cuire ce petit chanoine emplumé est de le mettre dans une coquille d'œuf, à la mode de Trimalcion, un des plus fameux gastronomes romains.

Du Faisan (1).

C'est un mets illustre autant fêté par la vanité que par la gourmandise. Il était autrefois fort rare ; mais depuis qu'on a établi des faisanderies dans tous les environs de Paris, cet oiseau est devenu assez commun.

La chair du faisan, lorsqu'il est tendre et délicat, ne manque pas d'un certain fumet. Il se dissèque comme la plupart des volail-

---

(1) Les Argonautes le rapportèrent de la Colchide avec la toison d'or. Ceux que l'on trouve dans ce pays (aujourd'hui la Mingrélie) sont plus délicats que ceux d'Europe.

***

les (la poularde), la partie la moins mor-
tifiée se sert de préférence aux dames.

Telle est la nomenclature complète ou à
peu près des différentes sortes de gibier
qu'un amphytrion peut admettre à sa table
en toute sûreté.

———

ONZIÈME LEÇON.

DES POISSONS.

———

La plupart des poissons qui paraissent sur une table se divisent en deux classes : *gros poissons* et *menus poissons*. Tous se servent avec la truelle d'argent, en l'employant tour à tour comme instrument tranchant et comme pelle, selon la nature des morceaux.

Il en est une troisième espèce qui, bien que poissons, n'en portent pas le titre exclusivement, tels que les merlans, les maquereaux, l'anguille, les harengs, les éperlans, les goujons, etc. Comme ils se servent avec la cuillère, on les range dans la catégorie des mets ordinaires. Quant aux *gros* et aux *menus poissons*, je ne saurais trop vous recommander de les *trancher* le plus nettement possible ; mais pour cela il faut que la truelle, quoique d'argent, soit presqu'aussi effilée qu'un couteau. Ce serait courir le risque d'être accusé de *lèze-gastronomie* que d'employer le fer ou l'acier pour disséquer et servir un poisson de quelque nature qu'il soit.

Ne voit-on pas la carpe, encore vivante, frémir à la vue du brillant couteau dont la main du cuisinier est armée, lorsqu'il vient simplement à s'approcher d'elle ; qu'éprouverait-elle donc après être frite ? cela serait bien pis, et toutes ses frayeurs passeraient de son âme dans celles des convives.

Des gros Poissons.

Je ne comprendrai dans les gros poissons que : 1° le turbot, 2° la truite, 3° le brochet, et 4° le saumon frais, qui sont ceux qui se servent le plus habituellement.

Du Turbot (1).

C'est un des *princes de la mer*, et pour

(1) On l'appelle encore le *poisson jésuite*, parce qu'il est rusé et plein de malice. Pour mieux attra-

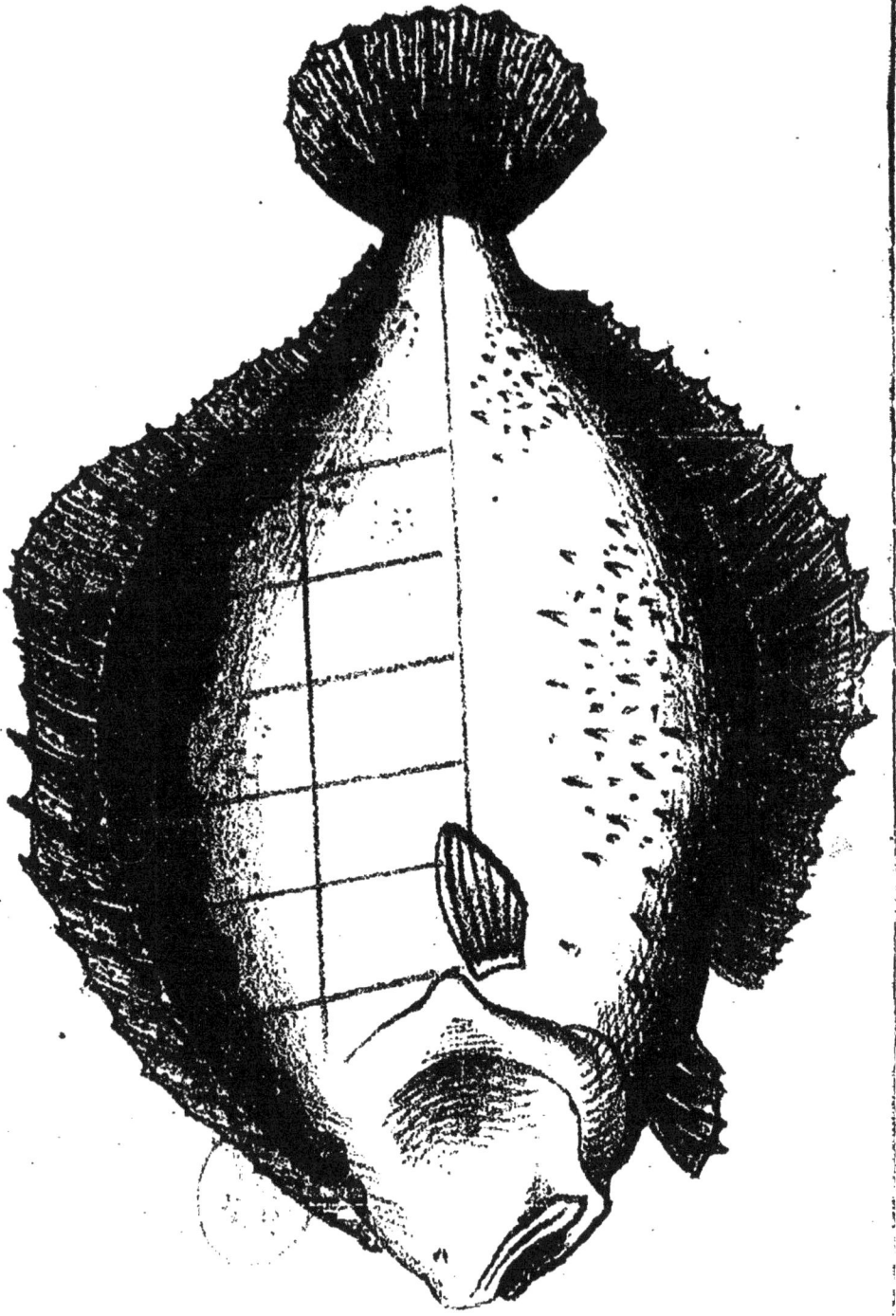

Turbot

cette raison il est souvent élevé à la dignité de *rôti* dans une table bien ordonnée.

Pour servir le turbot, il faut avoir une truelle bien affilée et pointue par l'extrémité. Après avoir décrit une croix sur le ventre du poisson en enfonçant jusqu'à l'arête, on tire des lignes transversales depuis le milieu jusqu'aux barbes, on lève adroitement, avec la pointe de la truelle, les morceaux compris entre ces lignes. Lorsque tout le ventre a été servi, on lève l'arête promptement, et l'on procède de même pour servir le dos moins délicat, il est vrai, mais qui a bien aussi son mérite. (*Voyez la fig.*)

Les barbes du turbot sont un manger

per sa proie, il se tient à l'embouchure des rivières et se couvre de vase ou de boue pour se déguiser aux yeux de ses semblables. Les Anglais, pour le prendre, se servent de lignes qui ont jusqu'à trois cents toises de longueur, armées de plus de mille hameçons : en France on est plus expéditif, on en prend quelquefois mille d'un seul coup de filet, dans une seule année.

très-agréable ; on en offre ordinairement aux dames qui s'en amusent volontiers, et s'il en reste, on en offre aux plus gourmets des convives.

De la Truite (1).

C'est un poisson aussi rare qu'il est exquis. Il n'appartient qu'à peu de personnes de pouvoir en offrir qui ait toutes les qualités requises, pour être offert aux convives qu'elles traitent à leur table.

La truite se sert avec la truelle. On trace d'abord une ligne depuis le dessous de la tête jusqu'à un pouce de la queue, et puis d'autres lignes qui partent de cette dernière, et se terminent à la circonférence du poisson. On lève adroitement les morceaux compris entre ces lignes, et on les sert, toujours avec la truelle, à chacun des con-

---

(1) Les meilleures viennent du *lac de Genève*, où elles sont extrêmement vives et toujours en action. C'est peut-être la difficulté que l'on a de s'en procurer qui fait que leur prix excède de beaucoup celui des autres poissons.

fig. O.

Brochet

vives. Lorsque l
tourne la truite p
cédant de la mê

D

C'est l'*Attila*
des rivières; m
pour mériter d'ê

Pour le serv
truelle, par sépa
tête est un mor
donne de préfér
avoir tiré une l
assez profondér
chet de sa gross
de manière à ce
ticipe et du vent

Ce poisson e
cause du grand

(1) On prétend
sion de N. S. J. C
du brochet : mais
vent les y trouver

vives. Lorsque le ventre est servi, on retourne la truite pour en servir le dos en procédant de la même manière.

Du Brochet (1).

C'est l'*Attila* des poissons, le *dévorateur* des rivières; mais il faut qu'il soit beau pour mériter d'être préparé *au bleu*.

Pour le servir, on commence, avec la truelle, par séparer la tête du tronc. Cette tête est un morceau assez délicat et qu'on donne de préférence aux dames; puis, après avoir tiré une ligne de la tête à la queue, assez profondément pour dépouiller le brochet de sa grosse arrête, on divise les côtes de manière à ce que chaque morceau participe et du ventre et du dos. (*Voyez la fig.*)

Ce poisson est difficile à bien servir, à cause du grand nombre de ses arêtes; mais

---

(1) On prétend que tous les instrumens de la passion de N. S. J. C. se trouvent figurés dans la tête du brochet : mais il faut bien aider à la lettre, si on veut les y trouver.

avec un peu d'habitude et de hardiesse on en vient à bout facilement.

Du Saumon (1).

C'est un poisson voyageur qui se plaît dans l'eau douce comme dans l'eau salée.

Il se sert absolument comme la truite ou le brochet. Il est tout aussi distingué que ces derniers.

Des menus Poissons.

Les menus poissons se composent en général : 1° de la carpe, 2° de l'alose, 3° de la sole, et 4° du barbeau. Les autres rentrent dans la classe des poissons considérés comme *mets*.

(1) Les saumons remontent les fleuves par troupe rangée en ordre de bataille, et forment un triangle comme les oies sauvages quand elles volent ; le plus gros ouvre la marche, et les plus petits forment l'angle de la queue. Rien ne leur ferait quitter leurs rangs : cependant l'ébranlement du tonnerre, un coup d'arme à feu les étourdissent ; le bruit de la décharge d'un canon suffit pour les tuer.

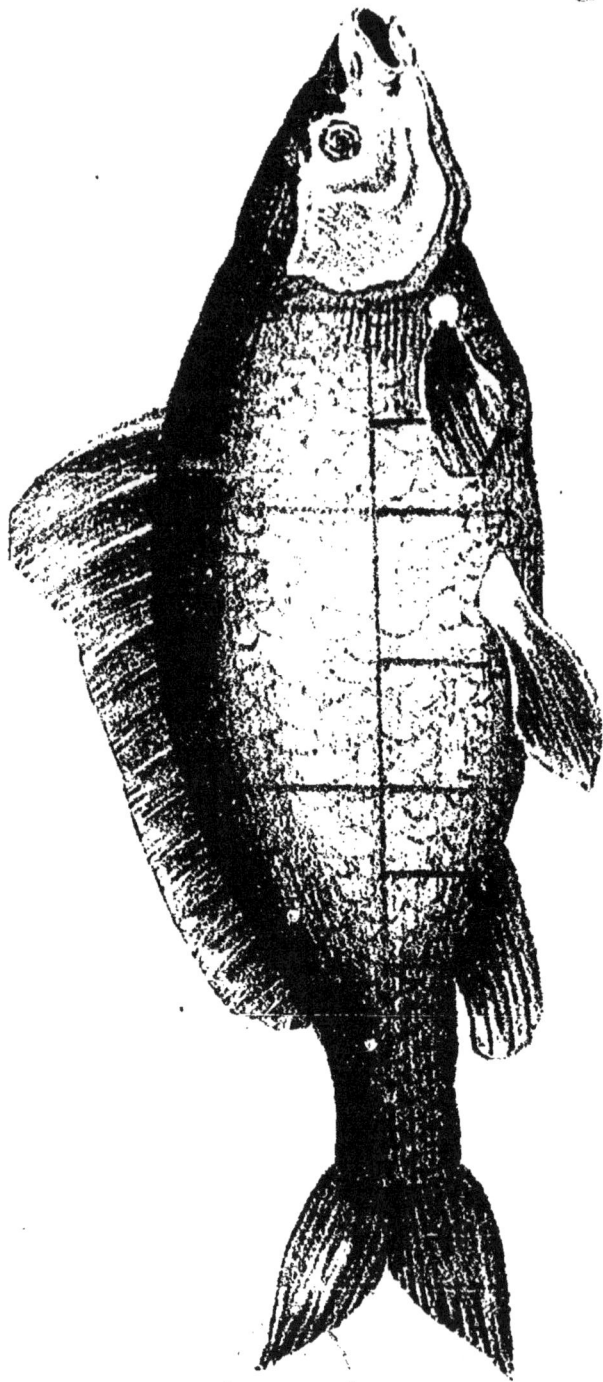

Carpe.

De la Carpe (1).

Si le turbeau est un de s *princes de la mer*, et que le brochet soit un véritable *tyran d'eau douce;* la carpe en est, au vrai dire, *la reine.* Il n'est qu'une puissance au-dessus d'elle, c'est la *carpe du Rhin* (2).

Pour servir l'une ou l'autre, il faut com-

(1) La carpe a cela de particulier avec l'alose, c'est que toutes deux sont fort *amateurs* de musique. Les pêcheurs de la Méditerranée se font accompagner par des musiciens, quand ils vont à la recherche de ces poissons.

(2) Mon professeur de rhétorique, *Billotte* (en fait de cuisine), m'a dit avoir vu en 1786, à Berlin, dans le réservoir du pêcheur en chef du roi de Prusse, une carpe qui pesait soixante-douze livres et demie. Elle avait, dans l'espace de quatre ans, fait trois fois le voyage de Paris, et avait fini par être réintégrée dans les prérogatives et honneurs du royal réservoir prussien, en attendant mieux; parce que, dans cette capitale gastronomique de l'Europe, elle avait bien trouvé des mangeurs, mais non des acheteurs. On en demandait vingt-cinq louis, non compris la peau que l'on destinait au cabinet d'histoire naturelle.

mencer par couper la tête que l'on doit envoyer de suite à celui des convives que l'on considère le plus, ou à une dame, à cause de sa langue, qui fait le principal mérite de tout son individu. Ensuite, et toujours avec la truelle, on lève la peau et les écailles, que l'on met de côté; puis, tirant une ligne du sommet à la queue, et la divisant par d'autres lignes transversales, on sert aux convives les morceaux compris entre elles, en observant que le dos, chez la carpe, est bien préférable à l'estomac, et même au bas-ventre, qui recèle les œufs.

De l'Alose et de la Solle.

Si l'alose est forte, elle se sert avec la truelle, comme la carpe, sinon à la cuillère. Quant à la solle, toujours à la cuillère (frite ou au gratin), à moins qu'elle ne soit monstrueuse. Les filets de cette dernière s'enlèvent toujours de la même façon.

Du Barbeau (1).

Le barbeau est un poisson en quelque sorte *bâtard*. Je ne reconnais que ceux pêchés dans la Seine qui puissent être *légitimés*, encore faut-il pour cela qu'ils aient été reconnus tels en passant par les épreuves de la *friture*.

Pour servir le barbeau, on tire, avec la truelle, une ligne sur son dos, depuis la naissance de la tête jusqu'à celle de la queue; on coupe ensuite cette même ligne par d'autres lignes transversales, et l'on sépare ensuite ces différens morceaux sans toucher à l'arête du milieu.

La cervelle de barbeau est un mets des plus délicats. Les vrais gourmands regrettent sincèrement que les barbeaux ne soient pas de la grosseur des bœufs. Au résumé, le

(1) Les anciens étaient si friands de la chair de barbeau quand elle était fraîche, qu'ils conservaient ce poisson, en été, dans des glacières remplies de neige.

barbeau est peut-être, de tous les poissons, le plus délicat.

Je bornerai ici ce que je me suis proposé d'écrire dans ce petit Traité sur la dissection des viandes, du gibier, de la volaille et du poisson, parce qu'il me paraît suffi-sant, surtout à l'aide des planches, pour former les amphytrions et les convives dans le grand art de découper et servir ces alimens. Quand même, j'avouerai que cette théorie, en supposant qu'elle fût encore plus complète, sera toujours insuffisante sans une pratique minutieuse et raisonnée qu'on ne peut acquérir qu'en voyant découper par d'habiles maîtres, et en découpant soi-même.

DOUZIÈME LEÇON.

DU DESSERT, DU CAFÉ, DES VINS ET DES LIQUEURS.

———

« C'est au dessert, dit M. le chevalier de
» Mangenville, que la conversation devient
» ordinairement plus générale, comme c'est
» au dessert que l'on peut donner à l'intimité
» qui déjà s'est établie entre les convives,
» toute la latitude convenable (1). » Les
dames y brillent surtout par leur manière
de faire les honneurs de ce dernier service
(car ce sont-elles qui le plus ordinairement
sont chargées de ce soin). Par ce moyen
elles déploient la délicatesse de leurs doigts
et leur dextérité pour en mieux faire re-
marquer la blancheur, ce qui est toujours
quelque chose.

(1) *L'Art de ne jamais déjeuner chez soi et de dîner
toujours chez les autres.*

Quant au service du dessert, je n'aurai que très-peu de choses à dire : on ne sert à la cuillère que les compotes, les fromages glacés ou à la crême, les confitures et les cerneaux.

Tous les fruits crus, ainsi que les marrons rôtis ou bouillis, se servent avec la main.

Pour ce qui est des assiettes montées de biscuits, de macarons, de menues pâtisseries et de sucreries, il est d'usage de les faire passer tout entières à ceux qui en désirent ; après quoi on doit les faire repasser pour les remettre à la place qui leur a été assignée primitivement, pour ne pas déranger la symétrie et l'ordre qui doit toujours présider à un dessert bien *entendu*.

Des Vins.

Dans un repas, le vin est à la bonne chère ce que, dans un pain, la croûte est à la mie.

Comme il arrive souvent que quelques-uns des convives préfèrent à l'ordinaire le vin blanc au vin rouge, le maître de la maison doit avoir le soin de faire mettre sur la table quelques bouteilles du premier, dans la proportion d'une à trois.

Le vin ordinaire peut se servir dans des carafons; quant aux vins fins, toujours dans les bouteilles, et telles qu'elles sont fraîchement apportées de la cave. Cette poussière, ce sable, cette mousse qui couronnent le bouchon peuvent être comparés à ces chevrons qui décorent le bras gauche du reste de nos guerriers; ce sont là, pour tous les deux, de bons et loyaux titres de noblesse.

L'amphytrion sert seul les vins d'entremets et de dessert; s'il en donne de plusieurs sortes à la fois, il doit charger quelques-uns des convives, de ses amis intimes, de l'aider dans cette distribution. En les proposant l'on doit toujours faire suivre le mot *vin* du nom du terroir où il a pris naissance.

La capacité des verres de vin d'entremets doit être d'un tiers moindre de celle des

verres à vin ordinaire; celle des verres à
vin de liqueurs, d'un tiers moindre de ces
derniers, et les verres à liqueurs doivent
être de moitié plus petits que ceux-là. Pour
le vin de Champagne on se sert toujours
de verres étroits et profonds faits exprès.

Il est d'usage, dans un couvert bien ordonné, de placer devant chacun des convives, et ce, avant même qu'on se soit mis
à table, tous les verres dont l'amphytrion
aura jugé l'usage nécessaire, d'après le
nombre des différentes sortes de vin, d'entremets, de dessert et même de liqueur qu'il
compte offrir à ses invités. Une table un
peu décente ne peut pas en comporter
moins de quatre. J'en ai vu jusqu'à huit à la
fois à la table d'un payeur du département
le plus voisin de la capitale : il est vrai de
dire qu'ils étaient tous si petits, que leur
contenu, versé dans un verre à bierre, ne
l'aurait point excédé. Mais, du moins, si le
palais éprouvait comme une sécheresse à la
vue de ce fâcheux pronostic, l'œil était
flatté de cette espèce de buffet d'orgue en

miniature, improvisé devant chaque convive : contenter les yeux était justement ce
à quoi tenait principalement notre amphytrion de province.

Du Café.

Le café se prend le plus ordinairement
maintenant après être sorti de table, et sur
un guéridon placé pour cet effet au milieu
du salon. Il se sert de deux manières. Dans
certaines maisons, le café étant versé d'a-
vance dans les tasses, rangées sur un pla-
teau, chacun enlève sa tasse et va le prendre
soit debout, soit assis dans un coin de l'ap-
partement. Mais la méthode la plus usitée
est celle-ci : Chaque convive ayant mis dans
sa tasse la quantité de sucre qu'il juge convenable, le maître de la maison, ou quel-
qu'un des siens, verse le café que chacun
doit prendre aussitôt sans trop le humer, car
il se refroidirait.

Des Liqueurs.

De même que le café, les liqueurs se servent de deux manières. La première, et la moins usitée, c'est lorsque l'amphytrion les sert lui-même à chacun de ses convives, en ayant soin, en les lui proposant, d'en annoncer et le nom et l'espèce.

La seconde, c'est celle qui est la plus généralement goûtée, comme la seule à la mode maintenant. Elle consiste à abandonner les flacons à la discrétion de chaque convive, qui se sert selon sa volonté. Il existe dans cette méthode un air de grandeur et de munificence qui sied à ravir aux amphytrions jaloux de mériter ce titre.

Au surplus, il est une foule de petites manies dans la manière de faire les honneurs de chez soi que je ne saurais préciser, les circonstances les faisant naître la plupart du temps, il serait de toute impossibilité de les prévoir, comme de leur assigner des principes invariables. L'usage de la bonne compagnie, les bons exemples à suivre, le désir de bien faire en apprendront beaucoup plus que tout ce que je pourrais écrire. Heureusement que les amphytrions du XIXe

siècle se montrent infiniment plus dociles que ceux qui les ont précédés dans cette noble carrière. Nul doute qu'ils ne saisissent avec avidité les instructions que je viens de leur offrir à si bon marché , puisqu'avec elles ils posséderont ces deux secrets; celui d'être heureux eux-mêmes, et celui d'en faire.

Peut-être aurais-je encore beaucoup de choses à dire , mais ce serait augmenter inutilement ce traité, et, par conséquent, le prix de ce petit ouvrage. Or, personne ne sait mieux que moi, que tel ou tel gourmet aimera mieux donner 3o fr. pour acheter une dinde aux truffes, que 3o sous pour se procurer mon livre , et cependant, qu'est-ce qu'une dinde truffée ?..... Si vous voulez le savoir, achetez les trois choses à la fois, la dinde , mon ouvrage et les truffes.

CONCLUSION.

ANECDOTES, PENSÉES NEUVES, APHORISMES, MAXIMES NOUVELLES ET PROBLÈMES RÉSOLUS.

———

I.

Le premier soin des anciens, lorsqu'ils se mettaient à table, était d'élire au sort un maître du festin qui réglait la grandeur des coupes, établissait des règles pour bien boire et bien manger, en un mot présidait à tout.

Cette coutume, si on la *renouvelait des Grecs*, vaudrait bien le *jeu d'oie*.

II.

A force de retarder l'heure du dîner, à Paris, on finira par ne dîner que le lendemain.

III.

« Ah! messieurs (disait un amphytrion

» qui s'y entendait), un peu de silence, je
» vous prie, on ne sait ce qu'on mange. »

IV.

Il ne manquerait rien à la gloire de l'homme
s'il avait eu assez *bon nez* pour découvrir la
truffe.

V.

L'abbé de Bois-Robert courait les bonnes
tables de Paris et en augmentait la joie par
ses bons mots et ses plaisanteries. Un jour
qu'il se rendait en toute hâte à un *diner prié*,
il s'entendit appeler dans la rue pour venir
confesser un homme blessé à mort ; il l'ap-
proche, et pour toute exhortation, lui dit :
« Mon ami il faut faire une fin, pensez à
» Dieu et dites votre *benedicite*. »

VI.

Un plaisant disait qu'il serait dangereux
de monter, même avant d'avoir dîné, *un
cheval de selle gris*.

VII.

La digestion est l'affaire de l'estomac, et les indigestions sont celle des médecins.

VIII.

On servit un jour chez mademoiselle Arnault un superbe cantaloup. « Il est bien » pâle, dit un convive. — Ne voyez-vous » pas qu'il relève de couches, » reprit l'actrice spirituelle qui certes s'y connaissait.

IX.

J'ai vu à Versailles (département de Seine-et-Oise), entre les mains de M. *Cardon*, avoué, une pièce assez rare : C'était un acte par lequel le sieur *Le Bœuf* assignait à comparaître les frères *Mouton* et Marie *Chevreuil*, veuve de Jean *Mouton*. L'acte était signé par l'huissier *Goujon*, assisté de son confrère *Turbotin*, et c'est l'avocat *Le Lièvre* (du barreau de Paris) qui a plaidé pour les frères *Mouton*. Il avait pour adversaire madame *Lecoq*, de Bruyère (département de l'Oise). Pendant l'audience les parties se mangeaient des yeux au dire de l'huis-

sier audiencier *Flicoteau*, frère du restaurateur de Paris dont l'établissement est situé
dans le quartier Saint-Jacques et qui porte
le même nom.

X.

Le temps ne devrait se partager qu'en
deux parties égales : l'une serait consacrée
à dîner, l'autre à digérer. Le premier qui a
dit *qui dort dîne*, ne l'a dit, sans doute,
qu'après avoir dîné.

XI.

Les anciens plaçaient l'amitié entre Cas-
tor et Pollux ; sa seule et véritable place est
entre la poire et le fromage.

XII.

La salade qui doit être la plus épluchée
est sans contredit la *barbe à capucin*.

XIII.

Fernand-Cortez, à son retour du Mexique,
rebuté par les ministres de Philippe II, et
n'ayant pu approcher de lui, se présenta

sur son passage et lui dit : « Je m'appelle
» Fernand-Cortez! j'ai conquis plus de terres
» à votre majesté qu'elle n'en a hérité de
» l'empereur Charles - Quint, son noble
» père, et je meurs de faim !!!! »

XIV.

A Paris on ne devrait jamais servir de
goujeons sur une table bien ordonnée parce que les convives en avalent habituellement toujours assez.

XV.

—La superbe colonnade du Louvre fut
admirée de toute l'Europe excepté d'un di-
plomate allemand, qui ne trouva de beau
à Paris que la quantité de broches qui
tournaient au *passage Saint-Guillaume*, et
la boutique de *Chevet*, au Palais-Royal.

XVI.

—La puissance de l'homme est bornée,
et il ne saurait en douter quand il examine
que Dieu ne lui a donné qu'un estomac.

XVII.

— La ménagerie de Versailles était autrefois située sur la route qui conduit à Saint-
Cyr. Louis XVI, partant pour la chasse, y
fut arrêté par un groupe de dindons qui se
trouva sur son passage. Ces dindons étaient
ceux de la ménagerie, qui s'étaient échap-
pés. « Qui est-ce, dit le roi, qui est chargé
» du soin de cette volaille? — Sire, c'est le
» capitaine *Roc*. — Eh bien, dites au capi-
» taine *Roc*, que s'il lui arrive encore de
» laisser échapper ses dindons, je le casserai
» à la tête de sa compagnie. »

XVIII.

— En 1817, lord Spincer prit part à une
gageure qui s'éleva entre deux gloutons reconnus; mais n'ayant pu être présent à l'as-
saut, il écrivit à son valet de chambre pour
savoir le résultat du défi. Voici la réponse
qu'il en reçut :

« Milord, je ne puis vous donner main-
» tenant tous les détails du combat; je me

» borne, pour le moment, à informer votre
» grandeur, que notre homme a battu son
» antagoniste d'un cochon de lait, d'un plat
» d'épinards et d'une tarte aux prunes.

    » J'ai l'honneur d'être, etc. »

XIX.

Il est quelquefois plus convenable de dire :
« Lorsqu'il y en a pour six, il y en a pour
» cinq. »

XX.

—Pour avoir maintenant la réputation
d'homme qui *pense* bien, il faut, à son ré-
veil, *penser* à son déjeuner ; après déjeuner,
penser à son second déjeuner ; après le second déjeuner, *penser* à son dîner ; après
le dîner, *penser* à son goûter ; après le goûter, *penser* à son souper, et après le souper,
penser à son déjeuner du lendemain et ainsi
de suite....

XXI.

—Interrompre un convive dans l'exercice de ses fonctions, c'est manquer d'usage, c'est l'empêcher de raisonner ses morceaux, lui causer des distractions fâcheuses, et troubler les jouissances les plus naturelles.

XXII.

—On vantait beaucoup le bonheur de Callisthène qui dînait tous les jours à la table d'Alexandre. « Je ne voudrais pas, ré-» pliqua Diogène, d'un bonheur qui consiste » à manger à l'heure et au goût d'un autre. »

XXIII.

—On demandait à un homme de beaucoup d'esprit, la définition d'un cabaret. « C'est, » répondit-il, un lieu où l'on vend la folie » en bouteille. »

XXIV.

—Un convive, fort amateur de gibier, voulant prendre un perdreau dans un plat, en prit deux pour un, parce qu'ils avaient été *liés* ensemble. « Quand ils devraient s'é-» gorger, dit-il, je ne les séparerai pas. »

XXV.

—Un vieux proverbe dit *Brebis qui bêle perd la goulée.* Cela veut dire qu'à table il ne faut pas trop parler, si l'on ne veut pas être dupe des convives qui ne disent rien.

XXVI.

— Quand Marmontel avait besoin de vers pour remplir son *Mercure,* il allait chez Panard—« Papa Panard, il me faut » quelques vers.—Voyez dans ma boîte à » perruque. Marmontel ouvrait la vieille » boîte où il trouvait des chiffons de papier » tachés de vin rouge. — Laissez, disait Pa- » nard, c'est le cachet. » C'était en effet celui du génie.

XXVII.

—En fait de jurisprudence, les poursui- tes d'*office* devraient être rédigées en *latin de cuisine* comme elles étaient autrefois.

XXVIII.

—Les derniers troubles qui éclatèrent à

Constantinople furent occasionés par les janissaires, parce que le sultan leur fit renverser leurs marmites.

XXIX.

— Les tables où le nombre des *plats* égale celui des convives ne sont pas les plus agréables.

XXX.

— Pour se bien porter, il ne faut faire que trois choses : *manger, manger* et *manger.*

XXXI.

— Deux hommes qui ne sont pas encore assis au même festin, ne peuvent pas se dire *amis.*

XXXII.

— Le maître-d'hôtel de l'ex-grand-veneur Berthier, ayant vu Napoléon déjeuner chez son maître, dit : « Il faut bien que ce soit » un grand homme, puisque tout le monde » le dit ; quant à moi, je ne connais pas ce

»qu'on peut admirer dans un empereur qui
» mange des petits pois avec un coûteau.»

XXXIII.

— Il fallait de trois choses l'une, ou que
les lentilles fussent un mets bien délicieux
chez les Hébreux, ou que le droit d'aînesse
fut un titre bien indifférent, ou enfin qu'Ésaü
fut un grand gourmand.

XXXIV.

— Un avare de ma connaissance, qui
donnait un jour à dîner malgré lui , faisait
à sa cuisinière le calcul suivant :

«Marguerite, nous serons six à table?
»— Oui monsieur. — Quand il y a à man-
»ger pour cinq , il y en a bien assez, n'est-
»ce pas Marguerite? — Oui monsieur. —
»Quand il y en a pour quatre, il y en a assez
»pour cinq. — Oui monsieur. — Quand il
y en a pour deux, il y en a assez pour trois.
»— Pas toujours monsieur. — Quand il y
»en a pour un, il y en a assez pour deux....
»— Vous avez raison, monsieur, interrom-

» pit Marguerite, car je vois tous les jours
» chez vous, que lorsqu'il n'y a rien à man-
» ger, vous en trouvez toujours assez pour
» un. »

XXXV.

— Il serait de la majesté d'un roi de dîner
à toutes ses tables.

XXXVI.

— L'ami d'un de nos ministres disait dernièrement à ce dernier : « Monseigneur,
» puis-je compter sur votre Excellence pour
» *un service*. — Si vous voulez venir à l'heure
» de mon dîner, répondit-il, vous en trou-
» verez au moins trois. »

XXXVII.

— Un homme de lettres un peu gourmand ayant fait un mauvais repas chez un
libraire parcimonieux qu'il connaissait à
peine, dit, en sortant de table, à l'oreille
de l'ami qui l'avait amené : *Où allons-nous
dîner maintenant !*

XXXVIII.

— Les vers, le vin et les melons sont

trois choses qui supportent difficilement le médiocre.

XXXIX.

— Pétrarque craignait tellement de s'assujettir à quoique ce fût, qu'il ne voulait pas même s'engager pour un dîner : *J'irai peut-être!...* était tout ce qu'il répondait à ceux qui venaient l'inviter.

XL.

— Ce que beaucoup de gens aimeraient mieux faire chaque jour, c'est..... leurs quatre repas.

XLI.

— C'est un principe avoué et reconnu par tous les gourmets de bon ton, que l'on ne saurait bien manger ou bien boire lorsque l'on mange seul.

XLII.

— Plutarque nous apprend qu'Alexandre avait une antipathie pour les pommes cuites; M. de Beausset vient de nous révéler que Napoléon n'avait jamais pu *sentir* la soupe à l'oignon.

XLIII.

— Une vérité incontestable, c'est qu'il est reconnu qu'un œuf vaut mieux qu'une prune ; une grive que tous deux ; un pigeon que tous trois ; un poulet que tous quatre ; une dinde que tous cinq ; un gigot que tous six, etc., etc.

XLIV.

— Les Romains, à la fin de leurs festins, se faisaient apporter la coupe magistrale, et buvaient à la ronde autant de coups qu'il y avait de lettres dans le nom de leurs maîtresses.

———

PROBLÈMES

RÉSOLUS MAINTENANT.

———

Demandes.	*Réponses.*
1.	
Faut-il prendre médecine ou non ?	Oui, parce que c'est toujours avaler quelque chose.
2.	
Faut-il mâcher ou non ?	Oui, parce que c'est jouir plus long-temps du plaisir de manger.
3.	
Vaut-il mieux avoir une langue que de n'en pas avoir ?	Oui, parce que la langue sert à demander à boire et à manger ?

Demandes.   *Réponses.*

4.

Lorsqu'un de vos parens meurt, devez-vous en être fâché?

Non, parce que c'est toujours un *mangeur* de moins.

5.

Doit-on se marier ou rester célibataire?

On ne doit pas se marier, parce que prendre une femme, c'est s'associer, pour la vie, un individu qui mange la moitié de ce que l'on peut avoir.

6.

Lequel vaut mieux de chanter ou de danser?

Nota. Ce problème étant le seul qui n'ait point été résolu d'une manière satisfaisante, j'ai décidé qu'il valait mieux manger.

Demandes.   *Réponses.*

7.

Lequel vaut mieux   Ni l'un ni l'autre
de dîner ou de sou-   ne sont bons. Il ne
per?   faut faire qu'un re-
                           pas qui dure tout le
                           jour, et que M. le
                           chevalier de Man-
                           genville a si bien
                           désigné, dans un de
                           ses ouvrages, sous
                           le nom de *déjeuner-*
                           dina-soupatoire.

FIN.

***

TABLE
DES MATIÈRES

CONTENUES DANS CET OUVRAGE.

—

FIN DE LA TABLE.

www.ingramcontent.com/pod-product-compliance
Lightning Source LLC
Chambersburg PA
CBHW050022100426

42739CB00011B/2752